搭地鐵
玩遍曼谷

太雅

世界主題之旅 86

搭地鐵 玩遍曼谷

全新第七版

作　　者　葉志輝

總 編 輯　張芳玲
發想企劃　taiya旅遊研究室
編輯部主任　張焙宜
企劃編輯　張焙宜
主責編輯　徐湘琪
特約編輯　陳妤甄
修訂編輯　黃琦
封面設計　許志忠
美術設計　許志忠
地圖繪製　許志忠

太雅出版社
TEL：(02)2368-7911　FAX：(02)2368-1531
E-MAIL：taiya@morningstar.com.tw
太雅網址：http://taiya.morningstar.com.tw
購書網址：http://www.morningstar.com.tw
讀者專線：(02)2367-2044、2367-2047

出 版 者　太雅出版有限公司
　　　　　106台北市大安區辛亥路一段30號9樓
　　　　　行政院新聞局局版台業字第五〇〇四號

讀者服務專線：(02)2367-2044、(04)2359-5819#230
讀者傳真專線：(02)2363-5741、(04)2359-5493
讀者專用信箱：service@morning.com.tw
網路書店：http://www.morningstar.com.tw
郵政劃撥：15060393 (知己圖書股份有限公司)

法律顧問　陳思成律師

印　　刷　上好印刷股份有限公司　TEL：(04)2315-0280
裝　　訂　大和精緻製訂股份有限公司　TEL：(04)2311-0221

七　　版　西元2024年06月01日
定　　價　420元

(本書如有破損或缺頁，退換書請寄至：
台中市工業30路1號　太雅出版倉儲部收)

ISBN　978-986-336-508-2
Published by TAIYA Publishing Co.,Ltd.
Printed in Taiwan

國家圖書館出版品預行編目(CIP)資料

搭地鐵玩遍曼谷／葉志輝作. — 七版.
— 臺北市：太雅出版有限公司，2024. 06
面；公分. — (世界主題之旅；86)
ISBN 978-986-336-508-2（平裝）

1.CST：旅遊　2.CST：大眾捷運系統　3.CST：地
下鐵路　4.CST：泰國曼谷
738.2719　　　　　　　　　　　　　113004499

填線上回函
搭地鐵玩遍曼谷
全新第七版

https://goo.gl/ELCfNV

編輯室：本書內容為作者實地採訪的資料，書本發行後，開放時間、服務內容、票價費用、商店餐廳營業
狀況等，均有變動的可能，建議讀者多利用書中的網址查詢最新的資訊，也歡迎實地旅行或是當地居住的
讀者，不吝提供最新資訊，以幫助我們下一次的增修。聯絡信箱：taiya@morningstar.com.tw

再次回歸讓人放鬆又驚喜連連的微笑城市

　　首先要特別感謝讀者的支持，讓《搭地鐵玩遍曼谷》年年數刷更新，在幾乎被日、韓旅遊書占據的銷售排行榜中，成為唯一上榜的泰國旅遊書籍！

　　過去三年，疫情重創了全世界的旅遊產業，泰國也不例外，幾乎每年都拿下最佳旅遊城市冠軍的曼谷，更是受創嚴重，許多餐廳、飯店、按摩店都歇業，知名的舞台劇、人妖秀停演，街頭滿滿的外籍遊客也失去蹤跡……

　　所幸目前疫情趨緩，泰國立刻全力支持觀光復甦，提供了最簡便的簽證、入境、通關制度，現在前往泰國旅遊真的是有史以來最便捷，甚至連入境卡都免填！樂天知命的泰國人也發揮韌性與骨子裡自帶的樂天、創意，以最快的速度將曼谷恢復為疫情前歡樂精采的城市！

　　為了將曼谷最新的變化帶給大家，David再度Long Stay月餘，在當地泰籍友人與眾多旅泰朋友的協助下，提供最新的曼谷地鐵旅行攻略給大家！各位，該出發啦！

葉志輝

　　不但是旅遊作家，同時也是上海幫幫主(www.shanghai-bang.com)與一起泰站長(facebook.com/17thai)，常年旅行遊走於世界各地。如同風一樣的雙子座，永遠不知道下一秒在哪個城市出沒。擅長在平凡中挖掘出大樂趣，同時為讀者找出最佳旅遊路徑。

　　每年有四分之一的時間在台北，四分之一在上海，四分之一在泰國，四分之一各地跑。堅持旅行是生命最珍貴的收穫，一刻都不願意停下來。著有《搭地鐵玩遍上海》、《開始在上海自助旅行》、《搭地鐵玩遍曼谷》、《在泰北發現天堂》等書。

同步推薦：
臉書粉絲頁：一起泰
優惠訂房網：www.17booking.com

葉志輝

Bangkok

目錄

36 曼谷地鐵快易通

20 達人專輯

44 BTS蘇坤蔚線

28 曼谷5大印象

102 BTS席隆線

124 MRT地鐵線

152 昭披耶河遊船

178 曼谷近郊小旅行

如何使用本書

本書希望讓讀者能在行前充分的準備，了解當地的生活文化、基本資訊，以及自行規畫旅遊行程，從賞美景、嘗美食、買特產，還能住得舒適，擁有一趟最深度、最優質、最精采的自助旅行。書中規畫簡介如下：

地圖資訊符號

$ 金額		http 網址		旅館飯店
地址		@ 電子信箱		購物商店
電話		FAX 傳真		餐廳美食
時間		休 休息時間		觀光景點
MAP 地圖位置		資訊		SPA按摩
前往方式		注意事項		1 地鐵站出口

邊欄索引
顯示各單元主題、地鐵路線的顏色、站名，讓你一目了然。

▲ 地鐵路線簡圖
不僅有前一站、下一站的相對位置，還包含路線代號編碼、前往地區方向及轉乘路線資訊，輕鬆掌握你的地鐵動線。

▲ 地鐵站周邊街道圖
將該站景點、購物、美食的地點位置全都標示在地圖上。

▲ DATA
提供詳盡網址、地址、電話、營業時間、價錢、前往方式等資訊。

▲ 達人3大推薦
從遊客必訪、作者最愛、在地人推薦等3個角度，推選出必遊必玩之處。

▲ 主題景點與購物美食
以遊賞去處、購物血拼、特色美食，3大主題引領你進入這個城市。

臺灣太雅出版
編輯室提醒

太雅旅遊書提供地圖，讓旅行更便利

地圖採兩種形式：紙本地圖或電子地圖，若是提供紙本地圖，會直接繪製在書上，並無另附電子地圖；若採用電子地圖，則將書中介紹的景點、店家、餐廳、飯店，標示於GoogleMap，並提供地圖QR code供讀者快速掃描、確認位置，還可結合手機上路線規畫、導航功能，安心前往目的地。

提醒您，若使用本書提供的電子地圖，出發前請先下載成離線地圖，或事先印出，避免旅途中發生網路不穩定或無網路狀態。

出發前，請記得利用書上提供的通訊方式再一次確認

每一個城市都是有生命的，會隨著時間不斷成長，「改變」於是成為不可避免的常態，雖然本書的作者與編輯已經盡力，讓書中呈現最新的資訊，但是，仍請讀者利用作者提供的通訊方式，再次確認相關訊息。因應流行性傳染病疫情，商家可能歇業或調整營業時間，出發前請先行確認。

資訊不代表對服務品質的背書

本書作者所提供的飯店、餐廳、商店等等資訊，是作者個人經歷或採訪獲得的資訊，本書作者盡力介紹有特色與價值的旅遊資訊，但是過去有讀者因為店家或機構服務態度不佳，而產生對作者的誤解。敝社申明，

「服務」是一種「人為」，作者無法為所有服務生或任何機構的職員背書他們的品行，甚或是費用與服務內容也會隨時間調動，所以，因時因地因人，可能會與作者的體會不同，這也是旅行的特質。

新版與舊版

太雅旅遊書中銷售穩定的書籍，會不斷修訂再版，修訂時，還區隔紙本與網路資訊的特性，在知識性、消費性、實用性、體驗性做不同比例的調整，太雅編輯部會不斷更新我們的策略，並在此園地說明。您也可以追蹤太雅IG跟上我們改變的腳步。

🅞 taiya.travel.club

票價震盪現象

越受歡迎的觀光城市，參觀門票和交通票券的價格，越容易調漲，特別Covid-19疫情後全球通膨影響，若出現跟書中的價格有落差，請以平常心接受。

謝謝衆多讀者的來信

過去太雅旅遊書，透過非常多讀者的來信，得知更多的資訊，甚至幫忙修訂，非常感謝大家的熱心與愛好旅遊的熱情。歡迎讀者將所知道的變動訊息，善用我們的「線上回函」或直接寄到taiya@morningstar.com.tw，讓華文旅遊者在世界成為彼此的幫助。

把全世界遊客寵上天的曼谷

　　國內外眾多專業旅遊媒體，每年公布最佳旅遊城市排行中，幾乎一定會見到曼谷的身影，甚至往往蟬聯榜首。曼谷，就是這麼吸引人，有著讓人流連忘返的特殊魔力！以下我歸納了一些曼谷的旅遊優勢，仔細看完，我相信你也會承認，能夠同時擁有如此多樣感動的城市，絕對是旅遊者的天堂。

　　當然還有許許多多的感動必須要您親自來體會，在曼谷街頭可以遇到來自全世界不同膚色、種族、語言的遊客，他們也都是被曼谷這個充滿著無限磁性的城市吸引而來。加入我們，一起來發掘曼谷的魅力吧！

1 泰國料理廚藝學習也大受遊客歡迎 2 外籍遊客最愛泰國街頭探索 3 精采的各類演出大秀 4 宗教信仰是泰國的根基 5 芭達雅、華欣都是鄰近曼谷的海濱城市

民俗風情泰樂活

水上人家的特色生活
民眾樂天知命、態度友善，微笑城市
進修學習，泰語、按摩、廚藝、禪修、泰拳……

吃喝玩樂泰豐富

豐富多彩的泰式料理與街頭小吃
超多夜店酒吧，High到最高點
乘船遊昭披耶河，享河岸美景秀

宗教文化 泰 經典

眾多寺廟，體驗佛教的虔誠信仰
文明古國留下的歷史遺跡
參觀王室宮殿，領會皇族生活

購物看秀 泰 多元

旅遊大城，資訊豐富易取得
流行潮牌多，物價超低廉
人妖秀，不可思議的性別排序

按摩看海 泰 享受

泰式按摩、SPA天天做到爽
2小時到達Pattaya，海景旅遊勝地
平價、精品和五星，特色住宿應有盡有

曼谷旅遊黃頁簿

行前準備

簽證

　　前往泰國旅遊需有泰國簽證，觀光簽證有效期限為3個月；抵達泰國後之停留期限，為入境第1天起算的60天內，一般旅行社都有代辦服務，當然也可以到位在台北的泰國貿易經濟辦事處簽證組自行辦理。需留意簽證業務僅上午收件，當天下午就可以取件。

■ 須備文件
1. 護照正本(至少6個月有效期)
2. 身分證影本(正反面各1份，並依原比例剪下釘於申請表左上角)。未滿18歲請附戶口名簿影本
3. 2吋彩色白底，頭部3.6公分至3.2公分大小照片1張(拍攝時間6個月內)
4. 簽證申請表(官網下載列印)
5. 簽證費新台幣1,200元

　　泰簽規定常有變更，自辦前請於官網再次確認。

■ 泰簽辦理地點
泰國貿易經濟辦事處
🌐 tteo.thaiembassy.org/cn/index
✉ 台北市大安區市民大道三段206號
📞 (02)2775-2211
🕐 辦公時間：週一～五
　　收件：09:00～11:30
　　取件：16:00～17:00

◀ 掃碼線上代辦

■ 落地簽

如果短期前往泰國，也可以考慮利用落地簽形式，等到達泰國機場時再現場辦理，取得15天的入境資格。落地簽不能延簽，所以僅適合停留15天內的旅客。辦理時資料需完備，任何一項不符規定，簽證官有權利不發給簽證，並馬上遣返回國。

■ 須備文件

1. 護照正本：有效期間需超過6個月以上。
2. 15天內回程機票：電子機票請列印出來。
3. 6個月內拍攝之4 X 6照片1張(可在櫃檯旁攝影站拍攝)。
4. 簽證表格及完整之入、出境表格(需填寫住宿地點或訂房資料)。
5. 簽證費2,000泰銖；只接受泰銖，可在櫃檯附近外匯兌換處兌換。
6. 需出示在泰期間足夠之生活費，每人至少1萬泰銖，每一家庭至少2萬泰銖(或等值外幣)。

泰簽辦理方式近年時有變化，泰國貿易經濟辦事處已表示即將修改為線上辦理泰簽，實際推出時間請於辦理前再次確認。

■ 免簽

泰國政府宣布2024年05月10日至2024年11月11日期間，針對台灣遊客推出免簽政策，最多停留30天。這段時間前往泰國就可以省下辦理泰簽的時間與費用啦！

■ 換匯

泰國貨幣叫銖(Baht)，往往簡寫為b或B，目前主要流通的面額有20、50、100、500、1,000銖等5種面額的紙幣，和1、2、5、10、25、50等6種硬幣。泰銖與台幣的匯率大約1:0.9～1，在台灣能夠換到泰銖現鈔的銀行有台灣銀行、兆豐銀行和盤谷銀行，換匯不收取手續費，機場分行則收取100元台幣手續費。

此外，在曼谷當地到處都有可以兌換泰銖的地方，每家匯兌處每天的匯率都不一樣。

機場入境

目前台灣直飛曼谷的航空公司，有泰國、中華、長榮、星宇、泰國微笑航空(高雄出發)，及虎航、泰越捷航空、亞航、獅航、越捷航空5家廉價航空公司。飛行時間約3.5小時。

■ 入境流程

曼谷目前有2座機場，一般航空公司(泰航、華航、長榮、星宇等)停靠蘇汪納蓬國際機場(Suvarnabhumi Airport)，廉價航空則停靠廊曼機場(Don Mueang Airport)為主。

採用落地簽的遊客，請跟著「Visa on Arrival」標示走；其他遊客在查驗護照、簽證、入出境卡之後，就可以領取行李，出關開始旅程囉！

▲曼谷的蘇汪納蓬機場

■ 入出境卡填寫

到達曼谷之前，在航班上空姐就會發放入出境卡，建議提早寫好，到達機場入境時就可以快快通關。(疫情初解期間，目前免填入境單)

▲辦理落地簽，跟著Visa on Arrival的指示走就對了

▲泰國貨幣(2018/04/08發行新版鈔票，舊版依舊可以流通使用)

機場前往市區交通

蘇汪納蓬國際機場
(Suvarnabhumi Airport)

機場快線
Airport Rail Link

機場快線是前往市區最方便也最便宜的選擇，乘車位置在B1樓層，只要跟著「Train to City」的指示走就對了，利用自動購票機購票，票價為15～45泰銖。你可以視住宿的位置，選擇搭到Makkasan站，銜接MRT地鐵的Petchaburi站；或是搭到最後一站的Phaya Thai，銜接BTS空鐵。
(參考封面裡「曼谷地鐵路線圖」)

🌐 www.srtet.co.th
🕒 06:00～24:00

計程車

搭計程車進市區當然更方便，乘車位置在機場1樓，進市區價格大約在400～500泰銖左右，額外加收機場費用50泰銖與高速公路過路費25～50泰銖；泰國計程車車資便宜，兩個人以上或是行李較多的遊客，建議選擇計程車，可免拖著行李轉乘之苦。

廊曼機場
(Don Mueang Airport)

一般來說，廉價航空班機降落廊曼機場為主，這個機場也是國內航線機場，如果想要轉往泰國其他府旅遊，選擇此機場會比較方便。廊曼機場進入市區有以下幾種交通方式：

機場巴士

搭乘位置在6號出口處，有以下班次可選擇：

■ **A1**：票價30泰銖，可到MRT的Chatuchak Park站、BTS的Mo Chit站。

■ **A2**：票價30泰銖，除上述兩站外，還前往BTS的Ari站、勝利紀念碑站。

■ **A3**：票價50泰銖，前往水門市場、Central World、Lumphini Park。

■ **A4**：票價50泰銖，前往民主紀念碑、高山路、皇家田廣場。

其中A1線的營運到00:30，其他路線到23:00，每15～30分鐘一班車，上車後會有車掌收費，可找零。

計程車

搭乘位置在8號出口處，於入口處取號碼牌，依指示分配車輛給乘客。搭乘計程車入市區，價格約300泰銖+50泰銖過路費。

機場快線

最新通車的機場快線，可以通往MRT的Bang Su站，票價33泰銖。跟著「SRT Red Line」的指示走即可抵達，要穿越整個國內線航廈，不推薦提一堆行李的遊客選用。

▲廊曼機場巴士，停靠於6號出口，是快速又便宜的選擇

▲8號出口位於角落，是計程車排班處

機場行李直送

Bellugg是一家為旅客運送行李的公司,可以幫你將行李在機場與旅館間收送,價格在300～600泰銖之間,目前在蘇汪納蓬、廊曼國際機場都設有專櫃。

你也許會問:行李自己拖就好了,為何要請人收送?因為許多旅館要到下午14:00才能Check in,利用這個服務把行李送去,自己就能無負擔地開始玩遍曼谷,不會浪費時間。或是返程時,班機時間較晚,還有這麼多時間可以利用,可以把行李先送到機場,繼續玩個夠!

🌐 www.bellugg.com(可線上預訂)
LINE @Bellugg(line服務)

▲認明大象Logo就對了

▲海關處會採集遊客指紋

▲Klook平台在機場設有專櫃,可領取預購之網卡、地鐵卡

David的貼心提醒!

根據泰國出入境管理規定,入境泰國旅遊的遊客身上必須有2萬泰銖「等值現金」,雖然抽查的機率不高,但是一旦被抽中你又沒有足夠現金,將有可能被拒絕入境,請遊客特別注意喔!每位入境泰國遊客,只能攜帶一條煙,一公升酒類。切記!絕對不要幫別人代提代放,泰國海關嚴格執行數量限制,就算同行多人放在一個行李箱內也不行!總之,各自拿各自的!執法範圍包括機場內外,總之進了市區再說,不要一出機場就打開行李箱集中菸酒!違者會被重罰數萬泰銖。

菸酒各自放在自己的行李中喔

曼谷市區交通

曼谷的交通工具非常多種，而且每種幾乎都用得上，大致有地鐵(分為MRT地鐵、BTS空鐵及機場快線)、運河(昭披耶河、空盛桑運河)、計程車、計程嘟嘟車、計程摩托車、公車、雙條車、小巴(VAN)和火車等等。

一般而言，市區活動僅需利用到地鐵與計程車即可，不過其他交通工具在旅遊期間也都會發揮不同功能，我個人到一個城市旅行，一定會盡可能嘗試所有當地的交通工具，你也可以試試看，在曼谷期間會用上多少種交通工具？

計程車

曼谷的計程車費超便宜，2人以上出行可多多使用，絕對划算，起跳費用40泰銖(1公里內)，之後依距離每次跳表6.5～8泰銖不等，價格比台灣要合理的多；但是David提醒你，曼谷交通尖峰時間塞車超嚴重，此時坐計程車反而浪費時間。此外，曼谷的計程車司機常常拒載，或是不跳錶只喊價，因此上車前要先跟司機說明前往地址並確定是否跳錶(By Meter)，確認後再上車。

公車

搭乘地鐵來回跑上1天，有時也會花掉不少交通費用，如果懂得使用公車，可以省下很多交通費喔！曼谷的公車分為有無冷氣2種，車上有車掌小姐收費，車資約在8～15泰銖之間，適合比較熟悉曼谷的遊客使用。

▲上車後車掌會主動來收票

計程摩托車

在曼谷的每個巷口，都可以見到穿著制服等待客人的計程摩托車攤位，這種交通工具適合短程使用，如住的旅館在深巷內，那麼花個15～40泰銖請他們送你進出，可以節省許多腿力。

嘟嘟車

嘟嘟車可說是曼谷街頭一道特色風景，所有來到曼谷的遊客都喜歡坐上嘟嘟車感受一下；嘟嘟車的價格是喊價的，所以上車前要先談好價格。其實嘟嘟車又熱、飆的又快，感覺挺恐怖的，還不如坐計程車舒服呢！

現在有全新的電動嘟嘟車服務，在曼谷遊客必去的地方都有服務，全程不用開口議價，通通利用APP搞定，相當方便也划算！推薦大家利用，詳細攻略請掃碼閱讀：

▲曼谷計程車各種顏色都超花俏

▲當地居民都很習慣使用計程摩托車

▲曼谷嘟嘟車都改裝，又吵又飆

實用 APP 資訊

目前智慧型手機普及，前往泰國有眾多的APP應用可以方便你的出行，以下為David推薦必裝的幾款應用：

Bolt

這是目前最受歡迎的叫車APP，需要有當地手機號，價位最合理，直接付現金。

Grab

東南亞最流行的叫車APP，可以輕鬆地叫到計程車，在曼谷使用非常方便。

SuperRich

推薦用Super Rich換匯，APP可顯示各找換店的位置及匯率，方便在曼谷換錢喔！

Google翻譯

英文泰文不懂沒關係，打開應用，選擇「相機」，對準要翻譯的文字就可以囉！

日常生活資訊

時差

曼谷時間比台北慢1個小時，也就是說，每次去曼谷都會多賺到1個小時遊玩的時間，建議在飛往曼谷的航班上就把手錶調整好，落地之後就能以當地時間為準囉！

氣候

曼谷屬熱帶氣候，非常的炎熱，我們常常開玩笑的說，泰國四季分別是熱、很熱、非常熱、真他X的熱！

一年四季均溫都在25℃以上，夏季白天更是常有35℃以上高溫，所以來到泰國防曬工作必不可少。5～10月都算是曼谷的雨季，午後大雨來得又快又急，不過不用太擔心，來得快去的也快，往往等個半小時雨就停了。

電壓

有別於台灣110V電壓，泰國電壓是220V，所以要特別注意電器類用品，出發前檢查一下電器是否支援國際電壓(100～240V，一般筆記型電腦都支援)，如果在曼谷購買電器用品，同樣要特別注意，以免帶回台灣才發現根本無法使用。

緊急事項

在曼谷期間，如果遇到旅遊

狀況，包括詢問旅遊資訊、投訴和報警等，都可以撥打泰國觀光警察電話尋求協助，若遭遇生命威脅、搶劫等重大意外事件時，亦可聯絡台灣駐泰外交單位、撥打外交部急難救助電話。

- 泰國觀光警察電話：1155 (英、法、德語)
- 緊急連絡電話(僅限於遭遇生命威脅、搶劫等重大意外時使用)：駐泰國台北經濟文化辦事處(6681)666-4006；外交部旅外國人急難救助001-800-0885-0885

小費

泰國是個小費國家，接受服務後給予小費是一種禮貌與鼓勵，小費其實沒有特殊的規定，隨你的心意來給予，但是在禮節上應使用紙幣，給銅板是一種不禮貌的施捨行為喔！比較常見的情況有：

- 按摩：可視技師的表現給予50～100泰銖的小費
- 旅館：提放行李，每日床頭小費20～50泰銖
- 人妖合照：50～100泰銖的小費

信用卡

曼谷的旅遊發達,大部分店家都能刷卡付費(小店與攤販除外);由於換匯需要時間,當地台幣換泰銖的匯率又很差(一般差到15~20%),建議可多用信用卡付款,就算加上手續費,還是會比在當地換匯後付現要划算喔!

看懂帳單「+」與「++」

在泰國消費,特別是餐廳,會看到菜單上價格標示,有時候多了個「+」或「++」,這是什麼意思呢?

因為有些泰國商家結帳時,需要另外加上「服務費10%」或「稅金7%」。通常顯示「+」表示除了消費金額之外,還要另加10%的服務費;若顯示「++」則表示需要另加服務費與稅金,共17%。

```
CheckID: 00021 Print By:Su
Cover:2 Time:25/6/13 20:52.

1   Squid Cake with Cele      260.00
1   Aromatic duck/half        800.00
2   Steamedrice                50.00
1   3 barbecued meat          380.00
1   Chrysanthemum Tea/Ic       45.00
3   Coca Cola                 135.00
1   Still water                35.00
1   Minced Pork Dumpling      100.00
3   Wet Tissue 10              30.00

            ItemTotal:      1,835.00
    Food Discount 10%:       -162.00
               Total:      1,673.00
A          SC 10%:           183.50
            SubTotal:      1,856.50
B              Tax:           141.30

C  Pay Amount:             1,998.00

No. of print: 2
```

A.服務費10%
B.稅金7%
C.應付金額

退稅

曼谷真的很好買,所以退稅也很重要,才能省更多!只要是在有標示「VAT REFUND」的店家如:百貨公司、Big C等,都可以退稅。

購物時:

單店消費超過2,000泰銖方可退稅,憑發票、護照在店家或百貨公司的服務台填寫退稅單並簽名,保留好退稅單與發票(店家會幫你釘在一起)。

離境時:

● 欲退稅的購物金額超過2萬泰銖,需先在機場大廳退稅檢查櫃檯,出示退稅單、發票、護照,稽核人員會查驗資料後蓋章,金額未超過2萬免檢查。

● 出境進入機場內的退稅窗口:過海關進入候機區,這裡有退稅窗口,憑已蓋章的退稅單、發票、護照領取退稅現金。

David的貼心提醒!

要辦理退稅的遊客記得早一些到達機場。
退稅比率為4%~6%。
3萬泰銖以內退現金,3萬以上將退入信用卡或匯票。

▲在機場大廳退稅櫃檯先辦理退稅檢查

▲退稅窗口在過海關之後,免稅店附近

如何辦手機網路

泰國主要的電信品牌有3家，都在機場設有專櫃，同時都針對短天期的遊客推出價格實惠的方案，選定方案後把手機、護照交給現場人員就會幫你設定到好喔！如果想要省點錢，也可以利用David提供的QR Code在台灣事先預訂後出發。

▲機場都會有電信公司專櫃現場辦理上網卡

泰國主要的電信品牌

電信業者	AIS	True Move	Dtac
品牌Logo	AIS	true move	dtac
類型	8、15、30天	1、16、30天	4、16、30天
網址	www.ais.th/travellersim	www.truemoveh-thailandsim.com	www.dtac.co.th/en/prepaid/products/tourist-sim.html
購買地點	場電信櫃臺購買安裝，需出示護照查驗登記。		
優惠預訂			
其他說明	■線上預訂取卡位置可能不同，請留意網站說明 ■請保留外包裝，內有電話號碼(開通泰國相關APP認證時會用到) ■包裝內有各家查詢話費、流量的方式說明 ■各電信提供曼谷商城或APP優惠，也可多加利用 ■吃到飽方案一般極速有流量或天數限制，超過會降速		

如何打電話

泰國的手機門號是以0開頭的10位數號碼，以下我以0123-456-789當做泰國號碼來示範教學。

從台灣打到泰國	泰國市話02-1234567 請撥：002-66-2-1234567(去掉區碼的0)	泰國手機0123-456-789 請撥：00-66-123456789(去掉開頭的0)
從泰國打回台灣	打回台灣市話02-12345678 請撥：00-886-2-12345678	打回台灣手機0935-123456 請撥：00-886-935-123456
泰國互打	泰國境內打市話：02-1234567	泰國境內手機互打：0123-456-789

一定要搬回家的伴手禮

Zam Buk萬用草藥膏
泰國版的小護士，刀傷、蚊蟲咬
傷、跌打扭傷瘀青都有效，所有
7-11都能買到，清涼且有效，是
泰國人居家必備良藥之一。

Holen夜叉鼻通
對以泰國史詩《羅摩衍那》中的角色進行計，
根據「風火水土」四元素設計香味，100%的
草藥，可緩解感冒鼻塞、提神醒腦，比傳統
薄荷棒更健康更適合當伴手禮，送禮自用都不
錯，7-11就能找到。

青草藥膏
泰國草藥膏，
對付燙傷、蚊
蟲咬傷確實有
一套。

蜂膠抗菌口腔噴霧
對抗口腔潰瘍、喉嚨
痛、牙齦腫痛有奇
效，大受歡迎的居家
常備藥。

泰國料理包
想自製泰式料理，直接
買料理包回家煮！

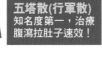

五塔散(行軍散)
知名度第一，治療
腹瀉拉肚子速效！

興太太手工肥皂
別看他像是老操攝
的玩意兒，它可是
泰國皇室御用的香
皂品牌，泡沫細緻
清香，用過一次你
就會知道多棒！

酸痛藥膏
治療酸痛超強悍，有3種不同配方版本。

薄荷棒
泰國人專用的提神醒腦良
方，一頭可吸一頭可抹！

泰國泡麵
泰國的泡麵種類多多，
買回去試試看吧！

行李爆滿都要塞的泰國零食

皇家牛奶片
超濃郁超香醇,有牛奶與巧克力兩種口味。

限定口味的Pocky
主要購買泰國限定版的口味:香蕉、荔枝等。

老大哥花生豆
有多種口味,我最推薦芥末味,休閒下酒的良伴喔!

紅太陽海苔
超好吃,吃過之後我已經完全放棄韓國海苔啦!

火辣魷魚片
3種口味,不同的辣法,可以統統買回去試試。

榴槤乾
喜愛榴槤味道的遊客,不要忘記帶點榴槤製品回去。

洋芋片
更多口味更優價格,買了躲在旅館當零食也不錯。

漁夫友薄荷錠
這個火力超強,小小一錠整個腦門清醒唷!

蝦味先
試試看泰版蝦味先,同樣是休閒良伴之一。

拒當凱哥凱娘的
詐騙破解術

泰國人民雖然和善，曼谷也是旅遊大城市，治安狀況良好，但難免會有一些不肖業者與專門坑殺觀光客的行為，這裡David整理了曼谷旅遊常見的詐騙手法，提醒你避開可能的陷阱，讓旅遊更安全順暢！

計程車繞路，常見的伎倆

曼谷的計程車司機很刁，常動不動就不載客，或是遇到觀光客就不跳錶而用喊價的，所以上車前請詢問司機「By Meter？」(跳錶)，確認後再上車，至於繞路嘛，這應該算是最輕微的詐騙了，好在曼谷計程車費用便宜，再怎麼繞最多損失個幾十元就了不起了；但是要提醒大家，有些計程車司機在知道你要去的地方後，會故意告訴你「更好的選擇」，這些他推薦的店家、餐廳或景點，往往都特別遠或是黑店，請堅持自己原本的行程。

成人秀買單，驚見天文數字

這類詐騙可說是曼谷夜生活區行之有年的惡劣行徑，主要發生於Patpong夜市區，這裡常常會有手上拿著廣告的人對遊客搭訕，告訴你他們的乒乓秀、成人秀非常精采且便宜，每人只要150泰銖之類的話語；如果你跟去了，結帳時才發現，價格卻遠遠不是當初說好的價位，當場變成幾千甚至上萬的金額，而且一群兇神惡煞的人圍上來，想脫身都難，因此建議此類秀場都不要輕易嘗試。

GoGo Bar，別輕易上2樓

　　GoGo Bar是曼谷夜生活的特色之一，點杯酒就可以觀賞鋼管演出，許多男性遊客難得來到曼谷總想體驗看看，這類酒吧如果是位在馬路邊1樓基本上都沒有問題，除了常常會跟你要點小費之外，並不會刻意宰殺遊客；但是，幾乎所有的GoGo Bar小姐都會慫恿客人上樓體驗進一步服務，這部分建議別嘗試，上了2樓若有什麼狀況，要脫身可就不容易了。

老外靠近，魔術手法騙錢

　　這是新興的騙術，在曼谷的路上、商店遇到老外靠近，不要以為有豔遇，他們假裝和善或是編各種理由搭訕，然後說沒看過台幣，希望你借他看看，然後幾乎是魔術般的手法，你的錢就被調包了！

旅遊期間有狀況可撥打泰國觀光警察的電話：1155

更多詐騙新花招

　　David整理了更多詐騙手法，請參考網址：www.davidwin.net/?p=46979。或直接掃碼閱讀。

拉客嘟嘟車，載去當肥羊

　　大概是因為造型太可愛，所以遊客都喜歡搭乘嘟嘟車，但David其實挺不建議的，嘟嘟車常常開得飛快、又熱，價格還比計程車貴，建議體驗一兩次過癮就好；此外，景點附近的嘟嘟車司機都還兼仲介，看到外國遊客就會上前「好心的指路或建議行程」，這類嘟嘟車一律不要上，他們往往會帶你到珠寶店或是談好回扣的商店去消費，讓你徒增麻煩。

激省！讓你省下幾千元的密技

恭喜看到這篇，光是本頁的內容就可以讓你省好幾千的旅行預算喔！

當地票券優惠訂購辦法

曼谷有太多太多精采的活動，不論是秀場演出、博物館、海洋世界，還是泰式料理教學、SPA按摩等等，如果你去現場購票價格不斐，然而，提前透過網路或旅行社預訂，通常有5～8折的優惠價喔！David已經整理曼谷關鍵的優惠票券，請參考網址：www.davidwin.net/?p=25203，或直接掃碼閱讀。

David推薦遊客必須體驗的內容：

Mahanakhon SkyWalk觀景台

曼谷第一高樓，居高臨下欣賞城市美景，還有全透明玻璃測試膽量，高空中還有酒吧可小酌。

詳情：P.114

掃碼預訂：8折優惠

Calypso 人妖秀

百老匯式的大型歌舞，內容精采，演出也豐富，適合想看人妖秀，又不希望落俗套的遊客。

詳情：P.158

掃碼預訂：75折優惠

暹羅海洋世界

東南亞最大的海底隧道，內容豐富精采，不論是大小朋友都會覺得過癮。

詳情：P.58

掃碼預訂：7折優惠

古城76府(三頭象神博物館)

走過縮小版泰國，領略116個泰國神標誌性地標，一口氣看完泰國76府最名勝的景點。詳情：P.101

掃碼預訂：76折優惠

公主號遊輪

昭批耶河上的老牌豪華遊輪，含Buffet與現場樂隊演出，欣賞兩側夜景伴隨清風，是個浪漫的行程。

掃碼預訂：7折優惠

Silom泰餐學校烹飪課

老師帶領你在當地市場選購食材，指導製作5道泰式料理，過程有趣留下無限回憶！

掃碼預訂：8折優惠

周邊城市一日遊，直接跟團輕鬆省力！

　　曼谷周邊好玩的地方可多了；芭達雅、大城、華欣、水上市場、桂河大橋等都是超知名景點，不去可惜！David在後面會介紹自行前往的方式(P.178)。當然啦，你也可以參與當地的一日遊，讓旅程更輕鬆，David同樣整理好相關的行程，請參考網址：www.davidwin.net/?p=25490。或直接掃碼閱讀。

地點	特色	價格(泰銖)	推薦指數
丹嫩沙朵水上市場 安帕瓦水上市場 鐵道市場	當地特色的水上人家生活；不可思議的鐵道與市場爭道畫面。	約1,150～2,000	★★★★
芭達雅(Pattaya)	距離曼谷最近的海灘，也是全世界最大的紅燈區。	約1,450～2,600	★★★
大城(Ayuttaya)	世界級文化遺址，眾多的遺跡，很有吳哥窟的感覺，建議必去！	約1,080～1,800	★★★★
華欣(Huai Hin)	泰國皇室專屬度假勝地，無敵海景與特色景點。	約1,080～2,000	★★★
北碧(Kanchanaburi)	死亡鐵路與桂河大橋等知名景點。	約1,500～2,500	★★★

＊價格一般包含：車資、油錢、小費、景點門票、導遊。
＊各家包裝的行程內容不同，因此價格有高低之分，詳情
　請參考網站，或直接洽詢。
＊以上資訊時有異動，出發前請再次確認。

David的貼心提醒！

曼谷一日遊代訂服務

　　有許多台灣人經營的在地旅行社、民宿，他們也都有提供相關票券、一日遊的代訂服務，說中文就能通哨，請聯繫：

■ 樂活旅遊：www.lively-travel-thailand.com
■ 金剛旅行社：lovethaitravel.net
■ 姊妹花旅遊：www.vacio.cc
■ 曼谷幫：goplaytravel.com.tw/goplaybkk
■ Yusabay民宿：www.facebook.com/YuSabay
　　BKK

便利！

可與親朋好友開心暢遊的「包車旅行」

第一次到曼谷旅行，利用本書教學的地鐵＋各類交通工具，就能把曼谷玩透透，如果想要去遠一點的地方，也可以利用前頁介紹的一日遊行程搞定。然而，部分遊客想要更輕鬆，全程有自己的專車，或是希望客製化旅行的路線，去些網路上介紹的網美地點，就可以考慮直接包車前往！

包車範圍：

基本上涵蓋曼谷，及外圍的旅遊城市：芭達雅、水上市場、大城、北碧、佛統、華欣、考艾等地。

包車費用：

依車型不同各家報價也不同，請自行洽詢。費用一般包含：車輛、司機、油費、過路費。但不包括停車費、超時費、小費、及其他自費內容。

包車類型：

- ■ 轎車：適合1～4人
- ■ 休旅車：適合7人內
- ■ 小巴士：適合7～10人
- ■ 特別注意：行李也會占空間，別忘了預留足夠空間放行李喔。

10個人包車超划算，▶
輕鬆前往大城

▲包車前往安帕瓦水上市場，看完螢火蟲也不用擔心沒車回曼谷

▲人多就包車，省心又舒適 (圖片提供／曼谷幫)

David的貼心提醒！

行程要自己規畫

原則上包車只負責出車與司機，行程還是要自己規畫喔！

曼谷幫

說到曼谷旅遊，Google一搜尋排名前列的就是曼谷幫了！深耕泰國10年以上，對泰國相當熟悉，現在全新提供包車服務，擁有自家車隊及司機，多年經營曼谷相關的旅行業務，車況良好服務專業，品質有保障，台灣許多藝人、旅遊節目來到曼谷也都找他們規畫。遊客包車除了行前有旅遊祕書幫忙規畫行程，包車期間更有當地的中文服務，與司機溝通無障礙，是你旅泰的最強夥伴！

http goplaytravel.com.tw/goplaybkk

圖片提供 / 曼谷幫

樂活旅遊

由旅居泰國多年的廖家母女經營，特色是最有人情味，如同家人般的親切，提供轎車、休旅車、小巴等多種形式，不論人數多少都可以包車。用車期間有任何問題都可以透過LINE或電話聯繫，確保行程順利。

http www.lively-travel-thailand.com

金剛旅行社

後起之秀的金剛旅行社，在包車領域也頗受好評，僅有保母車(小巴)車型，同樣車況良好、全程跟進聯繫，讓你可以放心出遊，近期不少網紅網美都選擇他們家的服務。

http lovethaitravel.net

BKK Unique

BKK Unique是老牌的台灣人經營民宿，提供短租與長租的客房服務，適合想要來曼谷Long Stay的客群，他們也有提供包車服務，但僅限住客，如果有選擇住在他們民宿，可以諮詢使用。

http www.bkkuni.com

圖片提供 / 金剛旅行社

搭地鐵玩遍
曼谷

Bangkok

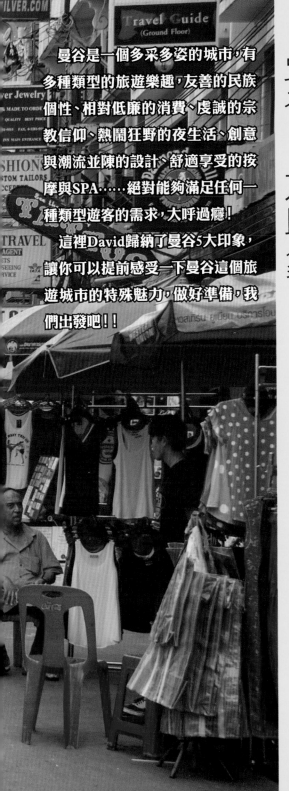

曼谷5大印象

曼谷是一個多采多姿的城市，有多種類型的旅遊樂趣，友善的民族個性、相對低廉的消費、虔誠的宗教信仰、熱鬧狂野的夜生活、創意與潮流並陳的設計、舒適享受的按摩與SPA……絕對能夠滿足任何一種類型遊客的需求，大呼過癮！

這裡David歸納了曼谷5大印象，讓你可以提前感受一下曼谷這個旅遊城市的特殊魅力，做好準備，我們出發吧！！

隨遇而安，泰樂天 之 佛心來著。

泰國是個溫和多禮的國度，逢人就會面帶微笑雙手合十，親切的來上一句「沙哇滴咖」！雖說泰國是友善的國家，但由於宗教文化與皇室的存在，許多的規矩與禁忌也要特別注意。

穿著部分

如果當天的行程中含有王室皇宮、佛教寺廟、星級餐廳等，就要特別注意穿著的禮儀：

1. 不可露肩、大腿、小腿，請準備長褲、長袖衣物。
2. 不可露腳趾，神聖的地方拖鞋涼鞋止步！
3. 進入寺廟應脫帽。

宗教禮儀

不可以在寺廟內說輕蔑的話語，請尊重泰國人的信仰：

1. 女性生理期不可進入寺廟。
2. 女性不可直接碰觸和尚。
3. 和尚很受尊敬，在遊船、地鐵上都有和尚的專門位置或區域。

泰國人篤信佛教，相信佛教中的因果循環，願意積善施予；在曼谷街頭會見到不少行乞者，或視障的人帶著麥克風唱歌，仔細注意一下，許多路過的人都會願意給予小額的金錢援助，施予者也許只是普通學生、上班族，收入也並不豐，但是隨手布施對他們來說，就是根植心底的一種助人生活態度。

泰國人個性樂天，對於生活抱怨不多，喜歡用微笑面對遭遇的事情，即使這個國家目前仍有著巨大貧富差距，生活水平也還待提升，但是人民還是充滿希望，樂觀的過日子。然而，泰國人的隨遇而安，有時會讓人有點不知所措，凡事「宅憷憷」(泰語，就是放寬心、慢慢來的意思)，結帳、做事都慢慢的，讓節奏快的台灣遊客不太習慣，建議你調整節奏，享受泰式慢活的感覺。

1 泰國人都願意伸出手為弱勢盡一點力 2 泰國人的笑容是David愛上這個國家的主因 3 簡單的生活就很快樂

創意潮牌，玩味十足。
泰設計之

泰國人的創意是非常驚人的！也許就是那樂天知命的態度，使得泰國人總能在生活中自得其樂，找到可以開心的理由。還記得幾年前泰國的大水災，泰國人卻能苦中作樂，利用創意做出了許多不可思議的創意小船，在網路上被全世界所佩服。

同樣的，泰國人的創意也發揮在流行事物上，充滿創意的個性潮T、創意小物，不但掌握商品實用性，同時又加入了令人莞爾的可愛梗，絕對會令你愛不釋手。

此外，曼谷有許多的百貨公司及設計商店，其創意同樣令人激賞，大到整體規畫、主題設計，小到櫥窗設計、廣告創意都讓人覺得是一件藝術品一般，徜徉其中眼界也會跟著打開，來見識一下泰國人的創意吧！

QUALY是成立於2004年的創意精品品牌，放在家裡不但實用，還凸顯設計感，他們的設計除了創意十足外，還結合環保概念。

泰國設計Propaganda，旗下Mr.P算是台灣人耳熟能詳的創意小物品牌，每件生活小用品都有著獨到的創意，讓你使用起來也不禁莞爾一笑。

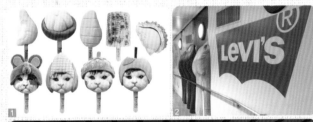

1你能相信這些都是冰棒嗎？Icedea是一間創意仿真的冰淇淋店 **2**創意牛仔褲廣告，令人想摸上一把 **3**中國城的地鐵站被咖啡廠商包場設計成網紅景點

嘴吃不停，泰美味之美食天堂。

為了告訴讀者烤青蛙的味道，拼了！很好吃耶。

香蕉用烤的竟是如此美味。

泰式青木瓜絲，怎麼做都好吃。

David的貼心提醒！

教大家一些食材的泰文，這樣就知道點了什麼菜色囉！

蝦子：Goong(音：貢)

雞肉：Gai(音：改)

牛肉：Nuer(音：ㄋㄨㄟˇ)

豬肉：Moo(音：ㄇㄨˇ)

　　有許多人熱愛泰式料理，那酸酸辣辣的口感使人胃口大開，由於我在曼谷參與過廚藝學校的課程，了解到泰式料理使用的佐料實在多，而且大部分都是口感強烈，如辣椒、茴香、薑、胡椒、檸檬草、羅勒葉等混合創造出多層次口感；來到曼谷，一定要嘗到涼拌木瓜絲、鹽焗烤魚、咖哩螃蟹、酸辣海鮮湯、打拋肉、泰式米粉湯等傳統泰國特色料理。

　　小吃部分，走在曼谷街頭，一攤攤的特色美食，看得人目不暇給，每樣都好想試一下，不但價格便宜，味道還都很美味，更別說還有一些奇怪的食物，像是烤青蛙、炸昆蟲之類的，真讓人覺得泰國人其實很懂得吃呢！

　　除了泰式料理外，國際化大城市的曼谷，有著來自世界各地的美食料理，不但高檔的星級餐廳多多，而且不論想吃日式、韓式、美式、歐系、中東、印度……等料理，這裡都能滿足你！這一趟的行程，絕對也會是一趟美味之旅。

光是調味的佐料就非常多種

泰式料理必點特色菜

涼拌青木瓜絲
Som Tum
最佳開胃，酸辣中帶著甜與脆口感！

酸辣海鮮湯
Tom Yum Goong
經典必吃，是泰式料理的代表湯品！

泰式炒河粉
Pad Thai Goong
特色料理，爽口的河粉與肥美的鮮蝦。

香蘭葉裹雞
Kai Hor Bai Toey
雞肉吸收香蘭葉的香氣，超級好吃！

打拋雞肉
Gaprao Gai
打拋雞肉或豬肉料理是最下飯的選擇！

金錢蝦餅
Tod Man Gung Ga Bung
QQ口感配上甜甜醬汁，讓人滿意十足！

南薑椰汁雞湯
Tom Kha Gai
香濃的椰汁中帶著辣勁，口感十足的湯料理。

咖哩螃蟹
Pu Pad Pong Kari
泰國海鮮經典料理，香醇咖哩與蟹肉的完美結合。

大頭蝦
Kung Phao
泰國出名的大頭蝦，頭大身肥，碳烤後食用。

泰享受 之 按摩SPA,逛街血拼。

專業的SPA,好好寵愛自己一下吧!

來給泰式按摩折一下吧

泰國在按摩、SPA這方面完全不輸峇里島喔!價格實惠合理的各種服務,加上泰式傳統古法的精髓,那高難度的「折體技法」,看起來雖然有點嚇人,但只要按完保證全身舒暢!而舒適的SPA與精油、草藥芳療則是貴婦的最愛,女人就該寵愛自己不是嗎?

太便宜,逛街逛到失心瘋

說到購物,泰國真的是天堂,就算每天逛到鐵腿也逛不完!Siam區的百貨可謂店店相連到天邊,每一家都擁有超大占地,從當地品牌到世界精品專櫃應有盡有;此外還有全世界最大的露天市集——洽圖洽市集,足足有5個足球場大。水門市場則是成衣批發大本營,你想得到的這裡都會有,加上每天晚上街頭擺攤、夜市,絕對讓你眼花撩亂,荷包大失血!

腳底按摩必須天天做,才能繼續奮戰血拼。

David深深的覺得,曼谷真是一個循環地獄耶!每天逛街逛到覺得腿已經不是自己的,然後去按摩補血,出來後又是一條好漢可以繼續逛,然後無限循環……

逛不完的街、買不完的商品,這就是曼谷。

1 高級的精油SPA,是貴婦級的享受(照片提供:VIE SPA by ORGANIKA) 2 品牌牛仔褲350泰銖?不下手對不起自己啊!

全民節慶，皇室崇拜。
泰好玩 之

潑水節(Songkarn Festival)

也稱為宋干節，時間在每年的4月13～15日，相當於泰國的新年。在潑水節這天，對別人潑水是一種祝福的象徵，潑的越多越有福氣，因此，整個泰國都會陷入瘋狂的歡樂潑水氣氛之中，走在路上就會有人對你潑水、發射水槍，或是用一種白色乳狀液體抹你的臉，一起加入他們瘋狂的行列之中吧！

拿好你的武器，瘋狂的潑水吧！

就算在交通工具上一樣難逃潑水襲擊

水燈節(Loi Krathong Festival)

水燈節的時間是每年泰曆的12月15日，大約是我們的11月左右。施放水燈與天燈是最主要的活動，河流沿岸許多人聚集共同施放，畫面相當的壯觀美麗。在安排曼谷旅行的時間時，不妨考慮來參與泰國人每年最盛大的活動吧！

施放天燈(照片提供：張芷甄)

皇室生日

泰國人對於皇室很尊敬。拉瑪九世皇在2017年逝世，全民哀慟，這位泰皇1946年登基，在位期間勤政愛民，帶領泰國走向富強，全國人民都非常感念他的德政；九世皇的生日(12月5日)與皇后的生日(8月12日)時，全國民眾都會穿上黃色衣著來紀念並集會慶祝；泰國國王與皇后的生日也分別是泰國的父親節與母親節。

施放水燈(照片提供：張芷甄)

曼谷
地鐵快易通

曼谷地鐵有3種，票不能共用

曼谷的地鐵有三大系統：BTS、MRT、SRT(機捷)，這3個系統分別屬於不同的公司經營，票券無法互通，需要分別購票搭乘。建議在行程安排上預做規畫，來減少頻繁的轉換。

BTS 系統

目前有3條路線：淺綠色的Sukhumvit線、深綠色的Silom線、金色的Gold線，在空中運行，行經市中心主要地區，旅遊價值最高。

MRT 系統

目前有4條路線：地下運行的藍線、空中運行的紫線、黃線、粉紅線。其中以藍線行經市區較具旅遊價值，其他線路往偏遠的方向行駛，旅遊價值並不高。

SRT 系統

目前有3條路線：機捷藍線、機捷暗紅線、淡紅線。

▲市區內的BTS站多有連通走道可以直達各商場大樓

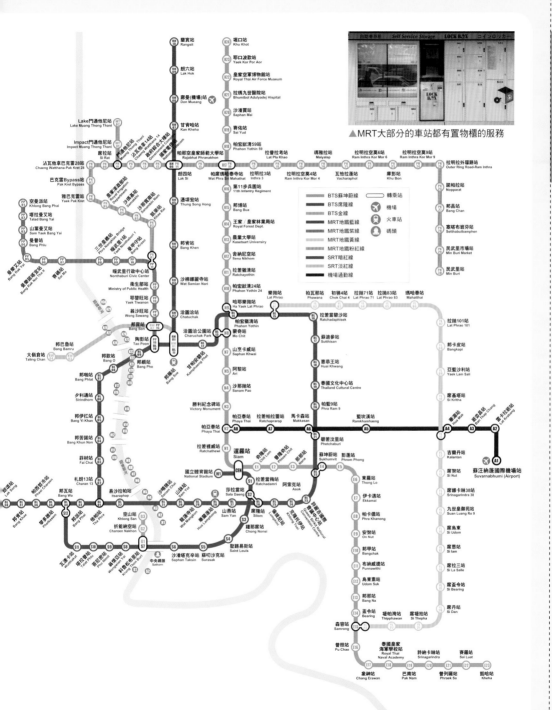

▲MRT大部分的車站都有置物櫃的服務

圖例：
BTS蘇坤蔚線
BTS席隆線
BTS金線
MRT地鐵藍線
MRT地鐵紫線
MRT地鐵黃線
MRT地鐵粉紅線
SRT暗紅線
SRT淡紅線
機場通勤線
轉乘站
✈ 機場
🚂 火車站
⚓ 碼頭

蘭實站 Rangsit
朗六站 Lak Hok
廊曼(機場)站 Don Mueang
甘肯哈站 Kan Kheha
Lake門通他尼站 Lake Muang Thong Thani
Impact門通他尼站 Impact Muang Thong Thani
席拉站 Si Rat
沾瓦他拿巴克雷28站 Chaeng Watthana-Pak Kret 28
巴克雷Bypass站 Pak Kret Bypass
雅巴克雷站 Yaek Pak Kret
空曼派站 Khlong Bang Phai
塔拉曼艾站 Talad Bang Yai
山業曼艾站 Sam Yaek Bang Yai
曼普站 Bang Phlu
曼拉克艾站 Bang Rak Yai
賽瑪站 Sai Ma
曼巴魯站 Bang Bamru
大桶倉站 Taling Chan
邦巴魯站 Bang Bamru
三菲賽站 Phra Nangklao Bridge
衛生里行站 Yaek Nonthaburi 1
翁武里行政中心站 Nonthaburi Civic Center
衛生部站 Ministry of Public Health
耶替旺站 Yaek Tiwanon
翁沙旺站 Wong Sawang
邦賣站 Bang Son
陶彭站 Tao Poon
甘烹碧瑟站 Kamphaeng Phet
洽圖洽公園站 Chatuchak Park
洽圖洽站 Chatuchak
邦嗦站 Bang Sue
邦啪站 Bang O
邦帕拉站 Bang Phlat
夕利通站 Sirindhorn
邦伊紅站 Bang Yi Khan
邦庫諾站 Bang Khun Non
菲林站 Fai Chai
拉朗13站 Charan 13
邦瓦站 Bang Wa
帕西查容站 Phasi Charoen
邦凱站 Bang Khae
拉康站 Lak Song
邦哇站 Bang Wa
邦盼站 Bang Phai
折蓮克站 Tha Phra
空山站 Wat Mangkon
山坳站 Sam Yan
怡薩拉帕站 Isaraphap
沙帕塔克辛站 Saphan Taksin
五海華站 Wutthakat
邦哇站 Pho Nimit
塔拉站 Tha Phra
科魯托吞站 Krung Thon Buri
中央碼頭 Sathorn
蘇叻沙克站 Surasak
沙潘塔克辛站 Saphan Taksin

堀口站 Khu Khot
耶力波歐站 Yaek Kor Por Aor
皇家空軍博物館站 Royal Thai Air Force Museum
帕瑪九世醫院站 Bhumibol Adulyadej Hospital
沙潘買站 Saphan Mai
賽佑站 Sai Yud
帕杭友清59站 Phahon Yothin 59
朗四站 Lak Si
通頌宏站 Thung Song Hong
邦博站 Bang Bua
王家皇家林業局站 Royal Forest Dept.
農業大學站 Kasetsart University
舍納尼空站 Sena Nikhom
拉差育清站 Ratchayothin
帕杭友24站 Phahon Yothin 24
哈耶克拉抛站 Ha Yaek Lat Phrao
帕杭友清站 Phahon Yothin
蒙奇站 Mo Chit
山烹卡威站 Saphan Khwai
阿黎站 Ari
沙耶抛站 Sanam Pao
勝利紀念碑站 Victory Monument
帕亞泰站 Phaya Thai
拉差裡威站 Ratchathewi
暹羅站 Siam
國立體育館站 National Stadium
沙蘭站 Sanam Chai
山約站 Sam Yot
莎拉當站 Sala Daeng
席隆站 Silom
鐘那席站 Chong Nonsi
聖路易站 Saint Louis

帕霍瑪哈泰寺站 Wat Phra Sri Mahathat
拉抛拉3站 Inthra 3
拉明拉抛4站 Ram Inthra Kor Mor 4
瓦恰抛站 Vacharaphol
庫彭站 Khu Bon
第11步兵團 11th Infantry Regiment
第一府立醫站 Chaeng Watthana 14
政府合一博物館站 Government Complex
納勒蘇安站 Naret
帕那空皇家師範大學站 Rajabhat Phranakhon
帕杭友清站 Lak Si
拉抛瑪哈站 Lat Pla Khao
瑪雅拉站 Maiyalap
拉明拉抛6站 Ram Inthra Kor Mor 6
拉明拉抛9站 Ram Inthra Kor Mor 9
拉抛那站 Phawana
初猜4站 Chok Chai 4
拉抛71站 Lat Phrao 71
拉抛83站 Lat Phrao 83
瑪哈泰站 Mahatthai
拉差當披瑟站 Ratchadaphisek
蘇提善站 Sutthisan
惠恭王站 Huai Khwang
泰國文化中心站 Thailand Cultural Centre
帕藍9站 Phra Ram 9
藍坎漢站 Ramkhamhaeng
碧差武里站 Phetchaburi
彭蓬站 Phrom Phong
蘇坤蔚站 Sukhumvit
阿索克站 Asok
東羅站 Thong Lo
伊卡邁站 Ekkamai
帕卡隆站 Phra Khanong
安努站 On Nut
邦甲站 Bangchak
布納威提站 Punnawithi
烏東素站 Udom Suk
邦那站 Bang Na
亞蘇站 Bearing
堤帕灣站 Thipphawan
席塔帕站 Si Thepha
森容站 Samrong
普炒站 Pu Chao
泰國皇家海軍學校站 Royal Thai Naval Academy
詩納卡琳站 Srinagarindra
賽佑站 Sai Luat
金神站 Chang Erawan
巴南站 Pak Nam
普列薩站 Phraeze Sa
甄哈站 Kheha
拉抛那站 Lat Phrao

外環路拉抛站 Outer Ring Road-Ram Inthra
諾帕拉站 Nopparat
邦昌站 Bang Chan
塞塔布拉芬站 Setthabutbamphen
民玉里市場站 Min Buri Market
民玉里站 Min Buri
拉抛101站 Lat Phrao 101
邦卡皮站 Bangkapi
亞藍沙利站 Yaek Lam Sali
席基塔站 Si Kritha
花瑪站 Hua Mak
邦卡清站 Ban Thap Chang
萊卡廣站 Lat Krabang
席翁站 Thong Lo
席納卡林38站 Srinagarindra 38
九世皇御苑9站 Suan Luang Ro 9
席烏東站 Si Udom
席蘭站 Si lam
席拉三站 Si La Salle
席盃站 Si Bearing
席丹站 Si Dan
卡蘭丹站 Kalantan
蘇汪納蓬國際機場站 Suvarnabhumi (Airport)

37

BTS系統
行經最多旅遊熱點

BTS蘇坤蔚線 (Sukhumvit Line)
堀口站(Khu Khot)
↕
凱哈站(Kheha)

BTS席隆線 (Silom Line)
國立體育館站 (National Stadium)
↕
邦瓦站(Bang Wa)

BTS金線 (Gold Line)
科魯松布里站 (Krung Thon Buri)
↕
空山站(Khlong San)

BTS空鐵有3條路線:蘇坤蔚線(Sukhumvit Line)、席隆線(Silom Line)、金線(Gold Line)。對旅遊者來說,專注蘇坤蔚線、席隆線這兩條行經市區的路線即可。金線需出站重新購票,且不支援一日票,只有在前往IconSiam商城時才會用到。

BTS空鐵在空中運行(就像台北的文湖線),月台沒有冷氣,但是車廂內冷氣又超強冷,進出列車就像經歷三溫暖一般刺激;也由於這條空鐵遊

客使用量大,購票往往要排隊許久,大部分自動售票機又不收紙幣,還要再排隊跟櫃檯換零錢,因此提醒你身上多備一些10元泰銖零錢,可以減短購票時間。

🕐 06:00～24:00
🌐 www.bts.co.th/customer/en/main.aspx(泰、英)

單程票
17～62泰銖。

1日票 (One-Day Pass)
每張150泰銖,當日進出BTS站無次數限制(僅可使用於蘇坤蔚線、席隆線,不包括金線)。建議先安排好行程,再選出其中單日使用BTS最多的那天購買1日票,搭個幾趟就能回本。

▲妥善利用1日票可以很划算

儲值卡 (Rabbit Card)
這是單純的儲值卡,俗稱兔子卡。沒有任何折扣,但是方便你快速進出地鐵站。在BTS月台各窗口都可以辦理,金額200泰銖(辦理費100、100可使用),使用期限7年。

此外,目前兔子卡也可用

於許多商店消費扣款。如果想要加值就在捷運窗口說「Top Up」,一次以100泰銖為單位加值,最高4,000泰銖。

◀BTS儲值卡,俗稱兔子卡

BTS空鐵搭乘教學

Step1
售票機旁會標示前往各站的票價。

Step2
選按售票機步驟1上的票價按鍵,依票價投幣。

Step3
取出單程票卡

Step4
前往BTS空鐵月台候車

MRT系統
市民通勤的地下鐵

MRT藍線

他帕站(Tha Phra)
↕
朗頌站(Lak Song)

MRT紫線

陶彭站(Tao Poon)
↕
空曼派站
(Khlonng Bang Phai)

MRT黃線

樂拋站(Lat Phrao)
↕
森容站(Samrong)

MRT粉紅線

暖武里行政中心站
(Nonthaburi Civic Center)
↕
民武里站(Min Buri)

MRT系統目前雖然有4條，但遊客只需專注藍線即可，其他路線都前往偏遠方向，對旅遊來說價值不高。MRT系統除了自動售票機外，也可直接在服務櫃檯購票，如果同行人數較多，直接櫃檯一次買好多人的票會比較快喔！

MRT系統的票務相對奇特，因為新開的黃線、粉紅線，雖屬於MRT系統，但是卻支持BTS系統的兔子卡，後面David會整理成表格以方便大家搞懂。

🕐 06:00～00:00
🌐 www.bangkokmetro.co.th/index.aspx?Lang=En(泰、英)

▲全新的紫線MRT在空中行駛

儲值卡

MRT地鐵目前沒有提供一日票，如果覺得每次都要排隊買票很麻煩，也可以考慮辦張

儲值卡，初次申辦費用180泰銖(30元處理費、50元押金、100元可使用)。

信用卡也能通

曼谷的MRT系統已經支持信用卡刷卡扣款，對遊客來說更加方便囉！不用排隊直接信用卡感應進出站！要注意的是：信用卡上需有光波符號(EMV)才支援，同時要選對感應區，使用時請多費心。

▲信用卡上需有這個光波符號才支援

▲信用卡刷卡進站要感應對位置喔

MRT地鐵搭乘教學

Step1
入站前需接受行李檢查。

Step2
MRT地鐵售票機購票。

Step3
憑票(圓形TOKEN)過閘門進入月台。

Step4
前往MRT地鐵月台候車。

SRT系統
通往機場的列車

Airport Rail Link

蘇汪納蓬機場
(Suvarnabhumi)
↕
帕亞泰站(Phaya Thai)

SRT 暗紅線
(Dark Red Line)

蘭實站(Rangsit)
↕
邦賜站(Bang Sue)

SRT 淡紅線
(Light Red Line)

大嶺倉站(Taling Chan)
↕
邦賜站(Bang Sue)

SRT系統屬於泰國鐵路局營運，遊客最常使用的就是由蘇汪納蓬機場進入市區的Airport Rail Link，價格低廉且僅需30分鐘就能到達市中心。新開闢的暗紅線(Dark Red Line)則可連通廊曼機場，但由於轉乘點並不方便，利用機場大巴反而更便捷，至於淡紅線(Light Red Line)遊客基本用不太到。

單程票

SRT系統由於使用量不大，購票人潮也不多，每次要搭乘就利用機器購票即可，票採用Token形式，入站在機器前感應，出站收回。

▲SRT票採用Token形式

SRT搭乘教學

Step1
利用自動售票機購票，螢幕選擇前往站點，依顯示金額投幣。

Step2
取得搭車Token，過閘門進入月台。

Step3
前往SRT月台候車。

機場換匯小技巧

一般來說機場換匯的匯率一定最差，但剛到泰國沒有泰幣很麻煩，如果非要在機場換，請在SRT機捷旁邊這區換，匯率是機場最好的。

▲Airport Rail Link是機場前往市區最方便的交通工具

▲這裡換匯最划算

David的貼心提醒！

注意到BTS線路每站都有代號嗎？它是以暹邏Siam為中心轉運站，往北是N，往南是S，往東是E，往西是W，然後1、2、3……依序安排。懂得這個邏輯的話，看到站名代號就可以大致知道在哪裡囉！

▲MRT黃線與粉紅線都是單軌電車

▲曼谷捷運線路越來越多，越來越複雜

令人眼花撩亂的
地鐵系統

早年曼谷的地鐵線路簡單，對遊客來說也容易理解，近年連續開通多條全新的路線，加上分屬不同集團系統，整個票務變得很複雜，遊客都搞不懂到底哪些卡可以用在那一條線，卡片整合說了十幾年就是無法成功。

泰式邏輯真的很難懂，明明同一個系統下，票券的形式、可用的卡片竟然不同，原則上遊客最方便的方式就是：兔子卡＋信用卡，這樣基本上就不用每次進站都排隊買票，可以順利玩遍曼谷。

David的貼心提醒！

曼谷地鐵線路雖然複雜，本書已為遊客化繁為簡，擷取具有旅遊價值的線路、站點，利用本書就能暢玩曼谷囉！

票券系統表格整理

系統	BTS			MRT				SRT		
線路代表色	綠	深綠	金	藍	紫	粉紅	黃	暗藍(機捷)	暗紅(機捷)	淡紅
兔子卡	∨	∨	∨			∨	∨			
信用卡				∨	∨	∨	∨		∨	∨
一日票	∨	∨	X							
單次票形式	卡片	卡片	卡片	Token	Token	卡片	卡片	Token	Token	Token
運行形式	高架	高架	高架	地下	高架	高架	高架	高架	高架	高架

搭地鐵玩遍
曼谷

Bangkok

對泰國文化以及曼谷地鐵都有基本認識後，請大家帶著雀躍的心情跟我一起上路探險去！無論是攜家帶眷、背包旅遊、或是情侶度假，相信都能在以下的3大主線上，不同風格、民族風情的地鐵站裡，找到適合自己的遊玩景點，趕快跟著我的腳步，一起體驗與眾不同的曼谷私房路線吧！

曼谷地鐵分站導覽

蘇坤蔚線
Sukhumvit Line

逛瘋世界最大的週末市集

蒙奇站
Mo Chit (N8)

 蒙奇站
Mo Chit

山烹卡威站
Saphan Khwai

阿黎站
Ari

沙那拋站
Sanam Pao

勝利紀念碑站
Victory Monument

帕亞泰站
Phaya Thai

 N8 **N7** **N5** **N4** **N3** **N2**

← 堀口站 Khu Khot (N24)

凱哈站 Kheha (E24) →

MRT地鐵線
洽圖洽公園站
Chatuchak Park

機場通勤線
帕亞泰站
Phaya Thai

兒童探索博物館

洽圖洽公園

Kamphaeng Phet 4 Rd.

Mixt Chatuchak

洽圖洽公園站
Chatuchak Park

MRT N8

蒙奇站
Mo Chit

鐘塔

洽圖洽市集

Miruku

TA.THA.TA

紅樓

黑糖仙草冰

LineCense

北

MRT

Kamphaeng Phet Road

甘帕安碧站
Kamphaeng Phet

Or Tor Kor Market

Kamphaeng Phet 3 Rd.

Kamphaeng Phet 2 Rd.

Phaholyothin Road

蒙奇站與MRT地鐵的洽圖洽公園站(Chatuchak Park)相鄰。最主要的景點就是知名的「洽圖洽市集」，當地人稱為JJ Market，出站步行約10分鐘就可到達。在這個全世界最大的市集裡，幾乎你想得到的東西都有賣，不論是紀念品、飾品、T恤、創意小物，還是家具、石雕、寵物，這裡通通看得到！不過要特別注意的是只有週末開放，所以行程安排上要特別規畫。

如果實在沒碰上週末，或是不想汗流浹背在鐵皮屋內的小巷穿梭，沒關係！現在旁邊開了一個「Mixt Chatuchak」，同樣有各類商品，不同的是它不但天天開張，還有冷氣可吹，就連用餐、按摩這裡通通有，想要舒服逛街的遊客多了一個選擇。

1頂著豔陽表演的街頭藝人 2出站人潮都是往洽圖洽前進，跟著走就對了

曼谷達人 *Bangkok*
3大推薦地

遊客必訪
洽圖洽市集

盡情的逛,盡情的流汗,盡情的殺價,盡情的讓荷包失血!這就是洽圖洽市集的魅力啊!(見P.49)

輕鬆的選擇
Mixt Chatuchak

全新開幕的Mixt Chatuchak,天天開放且有冷氣,就算沒遇到週末也有地方逛。(見P.47)

吃了會上癮
椰子冰淇淋

路邊販售的椰子冰淇淋,必試!濃郁的椰子香甜與冰涼的口感,可以讓你暑意全消,繼續血拼!

遊賞去處

免費的小朋友天地
兒童探索博物館

MAP P.45 / B1
1號出口
步行約10分鐘

照片提供／兒童探索博物館

DATA

✉810 Kamphaeng Phet 2 Road, Ladyao Subdistrict, Chatuchak District, Bangkok ☎(02)272-4500 ⏰10:00～16:00(週一公休) ➡BTS空鐵Mo Chit站1號出口,或MRT地鐵Chatuchak Park站1號出口,步行約10分鐘

Mixt Chatuchak商城大門對面,有一處專門給小朋友的博物館,是由泰國王后倡議成立,讓泰國兒童能在此享受學習的樂趣。內容包括:戶外庭園、水上樂園、室內遊樂區等等,內容相當豐富,小朋友可以學習各種行業的內容、模擬恐龍考古、戲水、運動、積木、閱讀故事書,是個寓教於樂讓小朋友放電的好地方。

最棒的是這裡完全免費開放,僅需在進場時登記,就連泰國的小學都會組隊來此戶外教學,帶小朋友的遊客就安排一天讓小朋友開心玩耍吧!

感受Local市場的氣氛與熱鬧

Or Tor Kor Market 安多哥市場

購物血拼

DATA

MAP P.45／A3
3號出口
出站即達

✉139/4 1, Samsen Nai, Phaya Thai, Krung Thep Maha Nakhon, Bangkok ☎(02)279-2080 ◷06:00～19:00 ➡MRT地鐵Kamphaeng Phet站3號出口，出站即達

想到當地的市場去感受在地的生活嗎？這個Or Tor Kor市場是被CNN評選為世界十佳生鮮市場第4名喔！賣的是傳統的生鮮，不過它的環境卻毫不髒亂，可是價位也相對高端，被喻為貴婦市場呢！

來這裡有兩大重點：第一：這裡有超過600個攤位，其中包括了許多美食攤位，記得空肚子來！第二：泰國皇家農產品專賣店就在旁邊，不要忘記去採購，皇家蜂蜜與果醬、水果乾等，都是大受遊客歡迎的好物。

一般遊客來到這裡，大概無法買生鮮回家料理，不過這裡有料理好的海鮮燒烤、無限多的熱帶水果，還有一間專賣泰式點心的專門店，可以讓你貼近當地的生活，逛完之後再到美食區享用Local攤位，絕對會是趟不錯的體驗。

1生鮮、蔬菜、水果通通都有 **2**美食街的攤位都超好吃喔

天天營業、冷氣版洽圖洽市集

Mixt Chatuchak

購物血拼

DATA

MAP P.45／B1
1號出口
步行約8分鐘

✉8 Kamphaeng Phet 3 Rd., Chatuchak, Bangkok ☎(02)079-4888 ◷週一～五10:00～20:00；週末與假日10:00～21:00

Mixt Chatuchak是新開幕的商城，廣大的商城有超過700家不同的櫃位，由於洽圖洽市集僅有週末開放，Mixt Chatuchak的出現讓非假日來到曼谷的遊客也能暢快購物，這裡的商品與市集差不多，但它是有冷氣的喔，逛起來要輕鬆得多啦！

特別值得一提的是，這裡的美食街與餐廳很多，方便遊客用餐，同時這裡有幾間專門銷售室內布置物品的店家，像是仿古招牌、車牌、燈具等，價格都非常合理，想要裝潢家居的人不妨好好挑選。

1復古個性掛鐘才150泰銖 **2**占地廣大的Mixt Chatuchak
3美食街有許多價格合理的Local美食

洽圖洽市集地圖
Chatuchak

地圖繪製／王之義

Kamphaeng Phet

MRT

Sec 1
Sec 2
Sec 3
Sec 4
Sec 5
Sec 6
Sec 8
Sec 9
Sec 10
Sec 11
Sec 12
Sec 13
Sec 14
Sec 15
Sec 16
Sec 17
Sec 18
Sec 19
Sec 20
Sec 21
Sec 22
Sec 23
Sec 24
Sec 25
Sec 26

Young Designers for Fashion

古董區

雜貨與二手商區

國區管理處

Section 27

Chatuchak Plaza

Clock Tower

雜貨與二手商區

寵物用品區

1號出入口
3號出入口
3號出入口

Section 7

Chatuchak Park

BTS Mo Chit

分類	
服飾與配件	Section 2、6,10-26
手工藝品	Section 8-11
陶藝品	Section 11,13,15,17,19,25
古董	Section 1,26
家具家飾	Section 1,3,4,7,8
寵物用品	Section 8,9,11,13
雜貨二手	Section 2,3,4,23,24,26,27

主題	
園藝	Section 1,27
藝術	Section 3,4
寵物	Section 7

雜貨二手
Section 2、6,22,25,26

古董
Section 1,26

家具家飾
Section 1,3,4,7,8

害怕逛得太累想要集中腦力找尋比較潮的商品，可以鎖定Section 2、3(MRT地鐵的Kamphaeng Phet站出口即達)。

購物血拼

逛到鐵腿也甘願的血拼天堂

洽圖洽市集

MAP P.45 / B2
1號出口
步行約5分鐘

DATA

http www.chatuchak.org @Jatujak Plaza，Kampanpet 2 Road ⊙週六～日10:00～18:00

David的貼心提醒！

洽圖洽市集是全世界最大的週末市集，超屌、超大，來到曼谷非去不可，這是一個足足有5個足球場大的超級攤販區塊，只有週末開放，幾乎所有你想得到的東西這裡通通有，而且價格低廉合理，但是要記得殺價喔！這裡有超過一萬個攤位！絕對逛死你，就像是台灣的五分埔放大幾十倍，通道卻縮小1倍，來自全世界的遊客與當地人在這裡尋寶。不要管旅遊書上附的地圖，那根本沒用啦，直接殺進去亂晃吧！想左轉就左轉、想右轉就右轉，反正就算有地圖也一樣要迷路的啦！隨機的走吧……。

記住一件事，看到有意思的東西，別等了，價格OK就買吧！我跟你保證，如果錯過了，想再回頭找到那家店是不可能的！我是特別為了有特色的T-Shirt而來，這裡也有一些個性的自創品牌店，可以好好的摸索一下。

記得喔，洽圖洽市集只有週末才有營業。
迷路怎麼辦：跟朋友一起來的遊客，如果要打散自己逛，就約好時間，在市集中央地標物「鐘塔」集合吧！
搭乘地鐵MRT的遊客請坐到Kamphaeng Phet站，一出來就是洽圖洽市集了，更加方便！

鐘塔是最重要的集合地標

❶各種寵物臉型小錢包 ❷一定讓你找到適合的個性帽子 ❸利用廢棄牛仔褲製作的玩偶 ❹台灣代購正夯的GAGA包，就在這裡(Section 16 soi 1 the corner)

購物血拼

好看實用的泰國設計包

TA.THA.TA

`MAP P.45 / C2`
1號出口
步行約25分鐘

DATA

📧洽圖洽市集內(Section 4, Soi 47/1, Room no.012)

　　是Potae and Kivi這2位設計師在2012年成立的設計品牌，當初是為了生活上的方便，想要適合的包包而開啟設計概念，由於造型、用色、功能都很出色，現在大受好評！門店遍及曼谷，經過可以看看喔！

特色美食

日本昭和風牛奶製品

Miruku

`MAP P.45 / B2`
1號出口
步行約25分鐘

DATA

📧洽圖洽市集內(Section2，靠近Soi41出入口) 💲100泰銖

照片提供 / Miruku

　　這是一間在泰北清萊大受歡迎的網美店，主打純正風味的牛奶相關製品，特色是布置成充滿昭和年代的風情，加上超美的飲品與優異的口感，讓它現在紅到曼谷來，在洽圖洽市集內擁有兩個店面。除了各種口味的牛奶之外，也製作成綿綿冰品，最受歡迎的是草莓牛奶，大顆草莓與香醇牛奶好喝又好拍！

購物血拼

簡易塗鴉小清新

LineCense

`MAP P.45 / B3`
1號出口
步行約25分鐘

DATA

🌐www.linecense.com 📧洽圖洽市集內(Section 3，164鋪，Soi 44/1) ☎0818-753-536 💲平均消費：250泰銖

　　這一家小小的店面掛滿了風格非常可愛的T-Shirt，全部都是原創手繪漫畫風，作品有男孩與女孩、動物星球、小物件背後的故事、我的職業共4個系列，由於畫風細膩可愛，大受港臺遊客的喜愛。

　　他們利用幽默的視角，把生活中隨時可以看到的事物，畫成令人莞爾一笑的圖畫，穿著這樣的T-Shirt，生活也跟著變得簡單有趣了呢！目前他們在Terminal 21也有店囉！

1逗趣的內容與可愛的畫風 2作者是一對年輕的情侶，顧店的是會說中文的媽媽

超大型二手復古挖寶基地

購物血拼

紅樓

MAP P.45 / A3
1號出口
步行約2分鐘

DATA

📧 511 Kamphaeng Phet 2 Rd, Chatuchak, Bangkok 📞 (02)108 5555 🕐 10:00～20:00 🚇 MRT地鐵Kamphaeng Phet站1號出口

　　在洽圖洽市集對面這棟建築，也叫做Bangsue Junction，十多年來幾經浮沉，我也看著它起起伏伏，如今重新正名：紅樓。主打各種二手物件銷售，只有你想不到，沒有你買不到！

　　空氣中瀰漫著二手氣味，從手表、家具、服飾，到舊車牌、老唱片、卡帶，最厲害的是連熱力軟膏都有二手的！如果懂行的玩家，可以發掘到一些寶物，看著滿滿的人潮，還真欣喜它再度崛起呢！這是一處值得來探索挖寶的奇特地點，有冷氣也有美食，有機會來看看吧！

1洽圖洽市集正對面的紅樓
2來挖寶會發現很多好東西
3許多名表控也會來找典藏手表
4玲瑯滿目的特色商品

滿滿的濃郁黑糖香氣

特色美食

黑糖仙草冰

MAP P.45 / B3
1號出口
步行約25分鐘

DATA

📧 洽圖洽市集內(Section 3, Soi 44/2, No.202)

　　這家古早味黑糖仙草冰店面小小的，卻擠滿了當地的民眾，在洽圖洽市集擠了一身汗之後，來到這裡品味一下在地的好味道：底層是仙草凍，中間有冰，然後蓋上純正濃郁的黑糖，吃入口中滿滿的黑糖香氣與冰涼感受，推薦必試！

1相當特別的黑糖仙草冰
2小小的店面有著道地古早風味

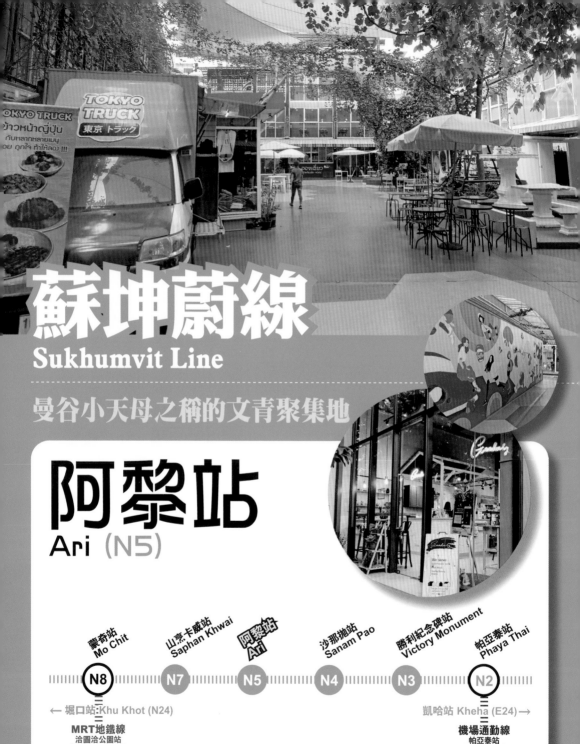

蘇坤蔚線
Sukhumvit Line

曼谷小天母之稱的文青聚集地

阿黎站
Ari (N5)

蒙奇站 Mo Chit	山烹卡威站 Saphan Khwai	阿黎站 Ari	沙那拋站 Sanam Pao	勝利紀念碑站 Victory Monument	帕亞泰站 Phaya Thai
N8	N7	N5	N4	N3	N2

← 堀口站:Khu Khot (N24)

MRT地鐵線
洽圖洽公園站
Chatuchak Park

凱哈站 Kheha (E24) →

機場通勤線
帕亞泰站
Phaya Thai

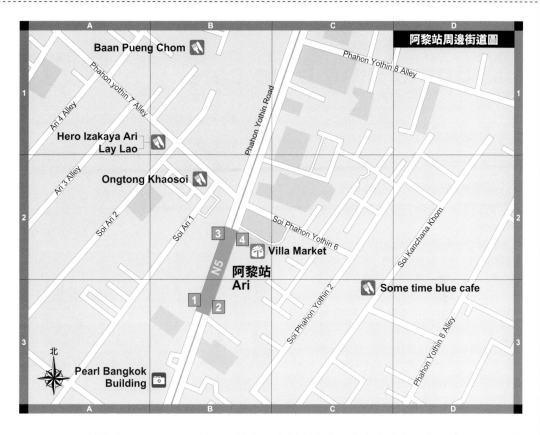

Baan Pueng Chom

Phahon yothin 7 Alley

Phahon Yothin 8 Alley

Ari 4 Alley

Phahon Yothin Road

Hero Izakaya Ari
Lay Lao

Ari 3 Alley

Ongtong Khaosoi

Soi Ari 2

Soi Ari 1

Soi Phahon Yothin 6

Soi Kanchana Khom

3

4

Villa Market

N5

阿黎站
Ari

Soi Phahon Yothin 2

Some time blue cafe

1

2

北

Phahon Yothin 8 Alley

Pearl Bangkok
Building

阿 黎站過去不太顯眼，但近年開始有許多創意小店、文青咖啡店開幕，使得此區的文創氣質大增，甚至被喻為是「曼谷小天母」，你不妨也來感受看吧！

特色美食 全曼谷最好喝的手沖咖啡

Some time blue cafe

MAP P.53 / C3
4號出口
步行約15分鐘

DATA

✉55/5 Soi Phahon Yothin 2, Khwaeng Samsen Nai, Khet Phaya Thai, Bangkok ☎087-907-0099 🕐07:00～16:00(週末到18:00) ➡4號出口出站，依地圖鑽巷子走15分鐘

要先有心理準備喔，這家咖啡店相當隱密，在巷子裡走到都要迷路了，走到一棟大樓下方，連個招牌都沒有，它竟然這樣躲在大樓的停車通道進去之後的角落位置！

方格鐵窗大面積的接收陽光，清水模形式的水泥外露牆體，帶有歐風的家具，還有正前方大大的料理台，真正來到這裡的都是懂咖啡的饕客。

可以試試「Gravity Latte」，將厚實濃醇度高的濃縮咖啡，淋在鮮奶的上層，再慢慢地任咖啡的重力擴散，漸漸地下沉並與鮮奶結合……超棒的口感！大驚豔！此外手沖肯亞咖啡，在咖啡師的巧手下調出好美的色澤，簡直如同紅酒般美麗，手搖形成的泡沫讓它有啤酒的感覺！嘴唇碰觸到冰涼的泡沫真的很有喝啤酒的Feeling，接著喝到咖啡本體，微酸的味覺與香淳的咖啡，讓你不得不佩服！

1手沖肯亞咖啡，如同紅酒般的美麗 2Gravity Latte重力拿鐵 3躲在深巷大樓下的美好咖啡店

特色美食 米其林必比登推薦的泰東北菜

Lay Lao

MAP P.53 / B1
3號出口
步行約2分鐘

DATA

✉65 Soi Phaholyothin 7, Phaholyothin Rd., Samsennai, Phayathai Bangkok ☎(02)279-4498 🕐11:00～22:00 ➡3號出口下樓右後回轉到巷口左轉走2分鐘

這家餐廳一到用餐時間就會出現滿滿的人潮，來自海邊城鎮華欣的老闆，卻愛上泰國東北菜的美味，以私房的食譜料理出泰寮菜系的精髓，同時把許多曼谷難得一見的泰式料理送上，因此受到廣大食客的喜愛，在2018年更是獲得米其林必比登的推薦。許多特色招牌菜都大受歡迎，像是生蝦料理就是鮮甜的生蝦利用醬汁調味食用，清爽又好吃，炸魷魚沾上了海鮮辣醬同樣精采美味，天熱的曼谷，美食搭配泰國本地冰涼啤酒，就是最佳組合！這裡的料理內容絕對不會讓你失望。

1室外空間也坐滿了客人 2泰式生蝦料理 3寮式炸魷魚是招牌菜色之一

特色美食

巷底花園內的泰南料理

Baan Pueng Chom

MAP P.53 / B1
3號出口
步行約6分鐘

DATA

✉38/1 Soi7, pahon Yothin Rd., Bangkok ☎(02)279-4204 ⏰11:00～14:00、16:00～22:00 💲平均價格600泰銖 ➡3號出口下樓右後回轉到巷口左轉走5分鐘，7-11巷口右轉走到底

又是一家隱藏版的泰式料理餐廳！躲在死巷底的花園建築內，而且提供的是相對少見的「泰南菜料理」！幾乎都是在地民眾前往品嘗，整個庭園的樹葉茂密，感覺很有熱帶風情。穿過小橋才能找到餐廳大門，整體環境是木質地的桌椅，偏厚重的用色，也有幾張桌子是用老式裁縫機改裝的，很有復古的感覺。

這裡有道特色菜，名稱是「woon sen pad saam men」意思是「三臭炒粉絲」，這三味真的很特別，味道南轅北轍，組合起來口感好妙(也有點奇怪)，有甜蒜也有泰國人稱「臭豆」的綠色豆子，都是味覺偏強烈的食材，所以整個組合起來形成了味覺在口腔裡爭寵的局面，確實很妙。

女主人小時候就在這個庭園中成長，後來把家傳的食譜拿出來分享，開了這家餐廳，大家可以來體驗看看泰南菜的風味。

1 炸豬肉球佐花生米 2 泰式炸雞翅 3 位在花園庭院內還要過個小橋 4 巷底花園內的泰南料理

特色美食

連續5年米其林推薦必吃泰北咖哩麵

Ongtong Khaosoi

MAP P.53 / B2
3號出口
步行約2分鐘

1 豬皮可以搭配咖哩麵也可以當零食吃 2 雞腿咖哩麵是招牌料理 3 小小支的炸雞卻迸發出超級美味

DATA

✉31 Phahonyothin Soi 7, Samsen Nai, Phaya Thai, Bangkok ☎(02)003-5254 ⏰09:00～20:30(週一公休) ➡3號出口下樓右後回轉到巷口左轉走2分鐘

泰北咖哩麵(Khao soi)是所有去過清邁、清萊的遊客念念不忘的當地美食，濃郁的咖哩湯頭搭配脆的雞蛋麵，吃過的人都會印象深刻！店主人把他祖母的獨家祕方乾辣椒入菜，再加上一點點變化，讓大家體驗到泰北風味的新呈現！

招牌必點的Khao soi可以搭配豬、雞、牛肉，推薦嘗試雞腿咖哩麵，在濃郁的湯汁中，風味絕佳！也可以買一份炸豬皮，丟進湯汁裡或是當零食吃都不錯。另外推薦這裡的炸雞，醃製入味炸得外酥內嫩超好吃，你一定要試試看！

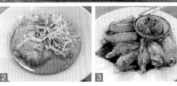

蘇坤蔚線
Sukhumvit Line

萬里長城般的百貨激戰區

暹邏站
Siam (CEN)

勝利紀念碑站
Victory Monument

帕亞泰站
Phaya Thai

拉差裡威站
Ratchathewi

暹邏站
Siam

奇隆站
Chit Lom

普隆奇站
Phloen Chit

那那站
Nana

‖‖‖‖‖ (N3) ‖‖‖‖‖ (N2) ‖‖‖‖‖ (N1) ‖‖‖‖‖ (CEN) ‖‖‖‖‖ (E1) ‖‖‖‖‖ (E2) ‖‖‖‖‖ (E3) ‖‖‖‖‖

← 堀口站
Khu Khot
(N24)

機場通勤線
帕亞泰站
Phaya Thai

BTS席隆線
暹邏站
Siam

凱哈站 →
Kheha
(E24)

暹邏站周邊街道圖

凱賓斯基HOTEL
SRA BUA by Kiin Kiin

Siam Paragon
SEA LIFE Bangkok Ocean World
通思密船粉

暹邏站 Siam

Siam Discovery
Siam Center

Rama I Road
CEN
Rama I Road

LIDO CONNECT

NAPAR Massage

Som Tam Nua

Siam Square One

Pad Thai Mae Thong Bai

Piranya Noodle

Soi 1　Soi 2　Soi 3　Soi 4　Soi 5　Soi 6

Soi 7
Soi Chulalingkorn 64

Phaya Thai Road
Rama I Road
Henri Duang Road

北

整整個曼谷之旅最重要的一站，不但是城市的中心區域，也是BTS兩線交會轉車的地方，更重要的是全曼谷最好逛的商城都集結在此。從Siam站出站，北邊(單號出口)有3個大型百貨公司，分別是Siam Paragon、Siam Center和Siam Discovery，各有特色，南邊(雙號出口)有全新開幕的Siam Square One與小小的街道與巷弄，以Soi 1～6為巷弄編號，通稱「Siam Square」，在這區的巷子內穿梭可以發現各式各樣有意思的店家。

其中北邊的這3家大型百貨公司都互相有通道連結，聯合成一個世界級的購物區塊，總數超過1,000家商店入駐，從世界知名品牌到泰國當地潮牌都可以找得到喔！

David的貼心提醒！

三大百貨聯合折扣卡

位於Siam站的Siam Paragon、Siam Center、Siam Discovery共同發行了聯合折扣卡(Tourist Card)，利用這張卡在這3家百貨購物，可以獲得額外折扣、退稅優惠等福利喔！請洽上述各百貨服務中心辦理，記得帶護照！

曼谷達人 *Bangkok*
3大推薦地

👍 遊客必訪

百貨連線

Siam站北方的百貨連線，各有特色，逛上一整天也不會累，曼谷的百貨公司真神奇，什麼都買得到，裡面連房子、車子都在賣耶！(見P.60)

👍 個性小店聚集

LIDO CONNECT

曼谷最老戲院，變身文創集中地，許多的潮牌、創意文青店都在這裡聚集，這裡是周邊大學生們的最愛！(見P.62)

👍 大開眼界

SEA LIFE Bangkok Ocean World

全東南亞最大海洋公園，特別是穿越長長的海底隧道，體驗珍奇海洋生物在你身邊游過，特別適合有帶小朋友同行的遊客喔！(見P.58)

遊賞去處

劉姥姥逛進大水族，哇哇哇

SEA LIFE Bangkok Ocean World

MAP P.57 / C2
3、5號出口
步行約1分鐘

DATA

🌐 www.visitsealife.com/bangkok/en ✉ B1～B2 Siam Paragon, 991 Rama 1 Rd., Pathumwan, Bangkok 📞 (02)687-2000 🕙 10:00～20:00 💲 成人票1,390泰銖，兒童1,190泰銖 ⓘ 優惠購票請詳見P.26

占地1萬平方公尺，足足有兩個足球場大的SEA LIFE Bangkok Ocean World是全東南亞最大海洋公園，長長的海底隧道裡各種深海珍奇生物從你身邊游過，那感覺真是棒呆了！特別是多達400種以上的生物種類，許多沒有見識過怪模樣的海底生物令人大開眼界。全館共分7個主題區，還有5D動感影院、玻璃船等活動設施。

1

一定要把握餵食秀(下午1~4點)，潛水人員餵食的時候魚群全集中過來，場面甚是壯觀！另外還有水鼠、海獺、企鵝這些可愛動物，有帶小朋友的遊客非來不可，絕對開心喔！

1 見識奇妙的海底生物 **2** 餵食秀非常精采 **3** 海洋生物造型人偶演出 **4** 被海底生物包圍的感覺真棒

購物血拼 流行元素與美食匯聚

Siam Square One

MAP P.57 / C3
4號出口 步行約1分鐘

DATA

http www.siamsquareone.com ✉254 Phayathai Road, Wangmai, Pathumwan, Bangkok ☎(02)255-9999 ⏰10:00~22:00

Siam Square One在2014年開幕，以特殊的空氣流通概念設計，在半露天的環境中逛街卻能享受自然風的吹拂。這個商城匯聚了年輕人最愛的元素，2樓的White Flower Factory是一間有著許多美食及甜品的餐廳，推薦品嘗多樣化的蛋糕當下午茶，此外還有來自台灣的手搖飲料品牌「KOI」是曼谷年輕人趨之若鶩的排隊店。在4、5樓則是匯聚了許多美食餐廳，逛累了可以就近用餐，知名的建興酒家這裡也有分店喔！

1 Siam Square One曼谷新商城的外觀 **2** White Flower Factory擁有種類超多的蛋糕 **3** 來自台灣的手搖飲料品牌KOI

Siam Paragon

DATA

http www.siamparagon.co.th ✉991 Rama 1 Rd., Pathumwan, Bangkok
☎(02)690-1000 🕐10:00～22:00

　　Siam Paragon堪稱百貨龍頭，也是此區的貴族商城，眾多世界精品齊聚，就連豪車、豪宅都買得到！你一定不能錯過最能代表泰國消費力的這間百貨公司！除了逛商城，一定也要拜訪樓下的美食街與海洋世界喔！

　　Siam Paragon的美食街非常厲害，把米其林推薦的街頭小吃都找來設攤，遊客們如果不想到處找尋，直接來這裡一次搞定吧！以下是David推薦必試的攤位：

紅大哥水門雞飯

來自水門市場的這間海南雞飯，堪稱遊客必朝聖的排隊名店，也是連續多年米其林推薦的店家。(朝聖本店請見P.74)

Nai Ouan Yentafo

位在老城區，有著大鞦韆的蘇泰寺附近老店，傳承三代超過50年經營，Yentafo是一種紅色的釀豆腐，搭配魚丸、蝦丸、脆皮餛飩等，風味濃郁。

鬼門炒河粉

本店位於金山寺附近的鬼門炒河粉也是遊客最愛，雖然價格比較高，但有著大蝦與蛋包炒河粉料理，顏值與美味兼具！

爆漿烤麵包

這是一間在中國城區鼎鼎大名的烤麵包店，口味經典奶油、巧克力、香蘭葉、泰奶等。餡料給得絕不手軟，夾起來灌到滿出來！誠意爆棚！

令人眼睛一亮的泰國設計品牌群

Siam Center

MAP P.57/B2
1號出口
步行約1分鐘

DATA

http www.siamcenter.co.th ✉Siam Tower, Rama 1 Rd., Pathumwan, Bangkok
☎(02)658-1000 ⏲10:00～21:00

Siam Center與Siam Paragon間以大平台相連，常會有大型演出活動，而Siam Center的主要特色就是本土設計師的專櫃眾多，你可以在這裡見識到泰國設計師的創意與潮流風格。

此外還有首家「鋼彈專門店」，許多公仔模型，可讓鋼彈迷欣喜！David推薦遊客必逛「ABSOLUTE SIAM」，裡面有許多創意小物，通通帶著泰式幽默設計，不論是送禮或自用都相當值得擁有！

1 鋼彈迷不可錯過這裡的專門店
2 ABSOLUTE SIAM特色小物眾多
3 有趣的設計小品

滿滿創意的設計雜貨與精品

Siam Discovery

MAP P.57/B2
1號出口
步行約3分鐘

DATA

http www.siamdiscovery.co.th ✉989 Rama 1 Rd., Pathumwan, Bangkok
☎(02)658-1000 ⏲10:00～21:00

重新開幕的Siam Discovery再度驚豔了大家的雙眼！日本設計師營造的整體空間與進駐品牌都讓視覺效果達到新的高度！利用了線條、透視、色差、錯層、疊加等效果，就連地板都布滿花紋，除了享受購物的樂趣外，不要忘記花點時間感受設計師的視覺空間創意唷！其中最讓David喜愛的是3樓的Creative Lab，全是文創小物與設計感十足的國內外品牌，真是恨不得全部搬回家啊！來到曼谷的你千萬別錯過這個歷時一年多，重新打造的購物空間！

1 3樓的LOFT可以找到許多可愛小物 2 利用方框營造的特殊視覺感受 3 視覺感強烈的陳設空間

老戲院變身文青社群聚落

MAP P.57 / B2

2號出口
步行約2分鐘

LIDO CONNECT

DATA

✉Rama I Rd, Pathum Wan, Pathum Wan District, Bangkok 📞064-182-4567 🕙10:00～22:00

介紹之前先說一段歷史，這個LIDO CONNECT所在位置是曼谷最老的戲院，1968年就開幕了！後來在紅衫軍事件中被大火波及，便把原來的一廳改裝成三個小廳，專門播放冷門文藝電影為主。

現在老戲院大變身！結合文創與特色創意店家，成為吸引年輕族群的特色聚落，特別是泰國第一學府朱拉隆功大學就在附近，帶來優質的文青風，一走進這裡你就能感受到如同台灣的華山、松菸這樣的創意市集氛圍。

室內的設計刻意保留了電影院的座椅、指示牌，讓老戲院的精神長存，而進駐的內容，有播音室、超有時代感的TRES女裝、特色咖啡店與美食餐廳。2樓部分則是保留了戲院，像是《花樣年華》這樣的經典電影常常會播出，文青遊客如果遇到不錯的電影也不妨欣賞一番！

1外觀很有美式戲院的感覺 **2**場地內不乏創意塗鴉 **3**創意文青店非常好逛

環境舒適高雅，推薦精油按摩

MAP P.57 / C2

4號出口
步行約2分鐘

NAPAR Massage

DATA

✉392, 27-28 Siam Square Soi 5, Pathum Wan, Bangkok 📞(02)658-0922 🕙11:00～23:00 ➡4號出口天橋正下方即Soi5巷口，進入步行2分鐘

這間按摩店全棟有著鮮明的外觀，實際店面要走上3樓，整個環境布置得清爽得宜，給人放鬆的感覺，提供的服務有腳底、泰式、精油、熱油、草藥球按摩等。如果在這區逛街逛累了，就來個腳底按摩吧！David個人推薦他們家的精油按摩，可以選擇自己喜愛的精油類型，在技師的巧手下享受超舒服的按摩服務，精油被身體吸收，結束時再送上溫潤的熱茶，整個人好像重獲新生般的爽快！

1整棟包起來的外觀非常顯眼 **2**帶著日系極簡風的布置看起來很舒心

特色美食

來自丹麥米其林一星泰式創意料理

SRA BUA by Kiin Kiin

David的貼心提醒！

MAP P.57 / D1

3、5號出口
步行約6分鐘

DATA

http www.kempinski.com/bangkok ✉Siam Kempinski Hotel Bangkok 991/9 Rama I Road, Pathumwan, Bangkok ☎(02)162-9000 ⏰午餐 12:00～15:00，晚餐18:00～24:00 💲平均價格 3,500泰銖 ➡3號或5號出 口，穿越Siam Paragon百貨公司汽車通道右轉直走6分鐘 ⚠餐廳有服裝 上的要求，請穿著正式服裝

需訂位(可官網預訂)。

中午有4道菜的套餐，價格 約1,700泰銖。

這裡不是傳統泰國料理，要 吃純泰菜的請繞道。

這家餐廳集米其林名廚、創意料理、最佳地段於一身，2013 、2014年入選「亞洲50」最佳餐廳後，成為許多饕客來到曼谷必 造訪的餐廳之一。丹麥主廚Henrik Yde Andersen，在泰國居住 過一段時間，結合了對泰式料理的認識與創意手法，在哥本哈根 開設了「Kiin Kiin」餐廳，一舉成為全球唯一獲得米其林星星的 泰國餐廳。SRA BUA餐廳是Kiin Kiin全球唯一分店，位在頂級的 Siam Kempinski Hotel內，環境相當的高雅大氣，連Menu都是用 平板電腦，不但有圖示，還提供中英泰三語，點餐毫無困難！

晚餐只有套餐，8道菜品依序上桌(額外附贈7道Street Food)， 是西式的用餐形式，SRA BUA雖然是泰式餐廳，但在料理上是 非常全球化的，將泰式的香料、手法結合現代的廚藝，甚至分子 料理的精神，讓你在隱隱約約之間品嘗到泰式料理的精髓！

❶用餐環境以蓮花池來布置 ❷把蟹肉製作成冰淇淋造型的創意料理 ❸這是芒 果糯米飯你能想像嗎？

通思密船粉

人氣爆棚高質感貴族版船麵

MAP P.57 / D2

5號出口
步行約1分鐘

DATA

✉Siam Paragon百貨商城G樓層A708 🕐10:00～22:00
💲200泰銖

如果在用餐時間來到這裡，你會驚訝於整間店滿滿的泰國客人！這是一間連泰國人都超愛的船麵店。

船麵是一種過去在船上食用的麵食，因為怕船隻搖晃，所以湯麵都很少，大家都要吃上好幾碗才能飽，因此通常船麵的價格都很低廉。但是這間船麵店主打高級的肉品食材，價格相對要貴不少，你會注意到湯底是黑色的，相當濃郁，其實是因為船麵湯底中摻入了豬血或牛血，但不會有血腥味道，反倒讓浸泡其中的麵體吸收湯汁精華，美味無窮。這間船麵店因為味道好、肉質佳，因此依舊大受饕客的喜愛，你也可以來試試！

1時時爆滿的船麵店 2燉豬肉口味的船麵 3豬肉片與豬肉丸船麵

Som Tam Nua

要有排隊覺悟的青木瓜沙拉人氣名店

MAP P.57 / C3

4號出口
步行約2分鐘

DATA

☎392/14 Soi Siam Square 5, Rama 1 Rd., Bangkok 📞(02)251-4880
🕐11:00～21:00 💲250泰銖

人氣排隊名店，CNNGO評選為2010曼谷最佳餐廳之一，每次來到這裡總有長長的排隊人潮，不僅僅是曼谷當地民眾，來自台港日的遊客更是絡繹不絕。其實它是一家泰國東北料理的餐廳，東西確實很好吃，必點推薦有：青木瓜沙拉、炸雞翅、豬頸肉等等，他們家的青木瓜沙拉清爽之餘帶著泰式的辣勁，而炸雞翅有著酥脆的表皮與鮮嫩多汁的肉質，就算不是用正餐，在下午時分來此點上這兩道招牌菜，再加上一杯泰式奶茶，也就是個過癮的下午茶啦！

1絕對必點的炸雞翅，超好吃 2豬肝涼拌，辣中有著軟嫩，推薦

特色美食

用料豐富的炸蟹肉捲

Pad Thai Mae Thong Bai

MAP P.57／B3
4號出口
步行約6分鐘

DATA

📍Soi 64, Pathum Wan, Bangkok　🕐11:00〜20:00　➡Soi3巷走到底左轉

1店內布置彩繪了金山寺山腳下景致 2招牌的炸蟹肉捲 3泰式米粉湯 4龍眼冰茶上面有滿滿的龍眼

　　這間店的中文是「金葉媽媽的泰式炒河粉」，一進門就會看到一個攤位餐車，而環境布置成金山寺下的街頭，提供炒河粉、蓋飯、炒飯等料理，他們的價格相對比較高，但是用料實在豐富，會讓你大飽口福！推薦菜除了炒河粉之外，也可以試試米粉湯，小小一碗讓人意猶未盡，特別值得一提的是炸蟹肉捲，外皮炸得酥脆，內餡滿滿的蟹角肉，沾上蜂蜜梅汁有夠讚！再來一杯龍眼冰茶，是讓人完美滿足的一餐。

2

3

4

特色美食

試試看泰國的魚丸

Piranya Noodle

MAP P.57／B3
4號出口
步行約5分鐘

DATA

📍Siam Squaare Soi 9, Pathum Wan, Bangkok　🕐10:30〜20:00　💲70泰銖
➡Soi3巷走到底左轉

　　這是一家小店，賣的是魚丸相關的麵，是當地朋友帶我來吃的，店面小小的價格也便宜，是很多附近學生常來吃的一家店，建議你可以試試Yen Ta Four，紅紅的湯底是甜味的，有一點紅糖的感覺，另外可以來一份綜合魚丸，試試泰國不同種類的魚丸分別是什麼樣的

1當年的小店如今有全新的門面 2來份綜合魚丸，可以嘗到各種口味 3這家的筷子讓我很為難耶

口味？這家店還有一點很有趣就是他的筷子是七彩的，我總是不知道該選一樣的顏色呢，還是分別用不同顏色？

2

3

蘇坤蔚線
Sukhumvit Line

參拜四面佛與百貨戰區延伸地

奇隆站
Chit Lom (E1)

帕亞泰站
Phaya Thai
N2

拉差裡威站
Ratchathewi
N1

暹邏站
Siam
CEN

奇隆站
Chit Lom
E1

普隆奇站
Phloen Chit
E2

那那站
Nana
E3

阿索克站
Asok
E4

← 堀口站 Khu Khot (N24)

凱哈站 Kheha (E24) →

機場通勤線
帕亞泰站
Phaya Thai

BTS席隆線
暹邏站
Siam

MRT地鐵線
蘇坤蔚站
Sukhumvit

奇隆站周邊街道圖

水門市場

Phetchaburi Road

Ratcha Prarop Road

Platinum Fashion Mall

海南雞飯

空盛桑運河

Pratunam碼頭

Super Rich Thailand

Super Rich

Ratcha Damri Road

愛神

Big C

Central World
Red Sky Restaurant & Bar
Centara Grand

Tsuta Japanese
Soba Noodles蔦

Rama I Road

APPLE
旗艦店

Paste Bangkok

奇隆站
Chit Lom

Ratcha Damri Road

1

3

2

E1

5

4

四面佛

Gaysorn Amarin
Copper Beyond Buffet
LV the Place Bangkok

靜SPA

北

本站與暹邏(Siam)站有空中步道相連結，形成曼谷市中心最主要的百貨商城聚集區。同時，知名的四面佛與愛神也在此處。

另外，市中心最方便的Big C超級大賣場就在Central World對面，近年來已經成為遊客採購泰國食品、零食、泡麵、香料等等泰國風味的最佳選擇，建議行程規畫放在最後一天，再視行李箱空間來此補足要帶回台灣的泰國特產喔！

還有，全曼谷匯率最好的Currency Exchange也在這裡：綠色的Super Rich(本頁地圖C2)。除了百貨商城之外，喜歡直接到成衣批發市場淘寶的遊客，整個水門市場區有著多到令人眼花撩亂的店面，如果行程沒有碰到洽圖洽市集開門的週末，選擇水門市場有一樣的效果。

曼谷達人 *Bangkok*
3大推薦地

👍 遊客必訪

centralwOrld

Siam區最大的百貨商城，從流行服飾、美容、美食到電影院應有盡有，是曼谷必逛的百貨商城。(見P.69)

👍 件手禮掃貨

Big C

超市變景點？來曼谷必掃貨的大賣場！把喜歡的泰國味道、產品、零食通通打包帶回家！(見P.70)

👍 泰版五分埔

水門市場

這裡就像是台北的五分埔一樣，以批發為主，同樣是什麼便宜的衣物這裡都買得到，3件以上就可以用批發價購買！(見P.71)

購物血拼

亞洲首間LV餐廳落戶與此

MAP P.67 / C4

2號出口
步行約2分鐘

Gaysorn Amarin

DATA

✉ 496 502 Phloen Chit Rd., Lumphini, Pathum Wan, Bangkok ☎ +66 61 1401819 🕐 10:00～21:00 ➡ 2號出口方向，天橋連通

泰國最新地標級百貨商城，一開幕就吸引全世界目光！因為頂級時尚品牌Louis Vuitton在這裡打造「LV the Place Bangkok」，結合商品、咖啡店、頂級餐廳、展覽於一體，加上曼谷自助餐天花板的Cooper Beyond Buffet也設立分店，整棟樓外觀就是LV主題，讓百貨本體都有如精品般高貴了起來！

1 一開幕就吸引全世界目光的百貨商城 2 LV主題的奢華外觀

逛到迷路的東南亞最大百貨公司

centralwOrld

MAP P.67 / B3
1號出口
步行約5分鐘

DATA

http www.centralworld.co.th ✉1027 Ploenchit Rd., Lumpini, Pathumwan, Bangkok ⏰10:00～22:00 ➡1號出口方向不要下去，沿著空橋走3分鐘，第3個街接道右轉直接進入

　　全曼谷市中心最大的商城就屬centralwOrld了，擁有18個出入口，7,000個停車位，每天可以應付15萬人次的遊客需求。整個centralwOrld大到爆炸，真的很難不迷路，疫情後櫃位大調整，除了更多品牌進駐外，美食餐廳也多到爆，主要集中於6、7兩個樓層。

David的貼心提醒！

centralwOrld針對外籍遊客不時推出專屬優惠，去之前可以上官網查看：www.centralworld.co.th/en/tourist-promotions

全曼谷最大的商城centralwOrld，連品牌logo都有自己的Guideline要遵守，你一定不知道：

■ central的c要小寫
■ central跟world之間是不能分開的
■ world的O必須大寫

G	centralwOrld	Zone D
	Zone E	Zone F
		Zone C
CENTRAL	Zone A	Zone B	I

David推薦逛街焦點

Pavi Studio (2樓)
有人說他是「平價版三宅一生」，相當有設計感，沒什麼實體店，但在這裡有！躲在2樓的角落「CROSSxROOM」這區內。

全泰國最大的星巴克 (1樓)
全泰國最大的星巴克就在這裡！大氣的空間與裝潢設計，欣賞現場煮咖啡的技藝，同時來杯招牌的氮氣冷萃咖啡，休息完繼續逛！

NARAYA (GF樓)
最佳伴手禮的曼谷包專賣店。整個店裡都是中國遊客在掃貨，這個畫面也挺震撼的喔！

APPLE旗艦店 (廣場)
獨立於Central World廣場處(靠近Zone A)，APPLE在這裡建立了旗艦店，超大的空間展示旗下產品，關鍵是展場設計很有看頭喔！

絕對列入行程的熱門大超市

購物血拼

Big C

MAP P.67 / C3
1號出口
步行約10分鐘

DATA

http www.bigc.co.th/en ✉97/11 Rajdamri Rd. Lumpini, Pathumwan Bangkok ☎(02)250-4888 ◷10:00～22:00 ➡1號出口方向不要下去，沿著空橋走2分鐘，第2個銜接道右轉後從左邊下，直行到路口右轉直走5分鐘

David的貼心提醒！

把這裡安排在行程的最後一天，可以避免提著大包小包的東西繼續逛街，也可以確定你的行李箱還有多少空間可以裝戰利品。更多必敗指南請參考P.20。

Big C其實是一個大型超市，但是現在卻成了所有來到曼谷旅遊者必去的景點之一！原因就是可以一次購足所有泰國特色的用品、零食，像是薄荷棒、爽身粉、泰式調味料、小老闆海苔等等。本站的Big C因為地理位置優越，加上占地超大成為最佳首選，現在甚至很多旅行團也都會安排來此購物呢！

高雅環境中體驗按摩SPA

SPA按摩

靜SPA (Diora Bangkok Langsuan)

MAP P.67 / C4
4號出口
步行約5分鐘

DATA

http www.dioralangsuan.com ✉36 Soi Langsuan, Lumpini, Chidlom, Bangkok ☎(02)652-1112 ◷09:00～00:00(最後接單23:00) $平均消費1,200泰銖 ➡4號出口方向銜接空橋到mercury ville後下樓，進巷子步行5分鐘

靜SPA位在安靜的巷內，斜對面就是貴婦小資女最愛的MUSE Hotel，很適合來放鬆的女性遊客。在環境上充分的體現了「禪」的意境，一進門就讓人放鬆心情！

這裡擁有自行開發的草本精油產品，來按摩還會送購物抵用券，推薦的項目為：百分百純精油按摩＋泰式草藥球理療，90分鐘的療程價格為1,750泰銖，在按摩師的巧手之下精油充分的被全身肌膚吸收，再以加熱的草藥球施壓於穴道，整個過程實在太輕鬆舒適，讓人整個飄飄然，走出大門都像是換了一個靈魂一般。有興趣可以先利用官網提供的Mail預約。

1寬敞舒適的大堂休憩空間 **2**許多的精油產品 **3**按摩的房間也很有禪意，不小心就睡著了喔

購物血拼 曼谷版的五分埔衣飾批發

水門市場

DATA

🕐10:00～20:00 ➡1號出口先走到Central World，從愛神旁邊的人行道上天橋，有空中步道可以通往，在Platinum Fashion Mall對面整區都是

水門市場(Pratunam Market)是一大塊的範圍，稱為Pratunam(音：趴禿男)，這裡就像是韓國首爾的東大門，一整個區塊內有好幾棟、好多巷子都在批發成衣。這裡的購物有分兩種價格，買單件與批發價格相差不少，而基本上3件起就可以談批發價，所以，可以與品味相同的朋友一起逛，只要是價位一致的品項，通常可以任選3件不同樣式用批發價來成交。

這一整區小巷內都是成衣批發店，泰國人也都來此批發衣服

購物血拼 逛起來比水門市場舒服

Platinum Fashion Mall

DATA

🌐www.platinumfashionmall.com ✉22PetchaburiRd.,Ratchathevee, Bangkok 📞(02)121-8000 🕐09:00～20:00 ➡1號出口先走到Central World，從愛神旁邊的人行道上天橋，有空中步道可以通往

由於水門市場區塊太大，很多小巷又沒有冷氣，逛起來真的很累人，David建議一般遊客直接到Platinum Fashion Mall來購物就好了，這裡有超過2,000家店面，販售的東西應有盡有，價格超低又有冷氣與餐飲，夠你花上一整天購物了！

Platinum Fashion Mall一共有三大Zone，位在路口轉角的是Zone3，隔壁棟則是Zone1、2。1～3樓以女性服飾為主，Zone1的5樓有許多兒童服裝，可愛又討喜，美食街則在Zone2的6樓，採用先購票的方式，店家只收票券，用不完的票券可以退回現金。

1Zone 2～5樓飾品區買到帶有個人色彩的吊飾，一個70泰銖，兩個100泰銖 **2**這裡算是有冷氣的水門市場
3整條整條的成衣，堪稱曼谷五分埔 **4**什麼都買得到，令人目不暇給

遊賞去處

最受歡迎的曼谷傳奇

四面佛

MAP P.67／C4
2號出口
步行約3分鐘

DATA

✉Ratchadamri路與Phloen Chit路口處

不知道從何時開始，台灣遊客到曼谷一定要去拜四面佛，供奉四面佛這個街口的小小區塊成了超級熱門的景點。你可以觀察一下來到這裡的多是東方面孔的遊客，四面佛也幾乎與曼谷旅遊劃上了等號。

其實四面佛是印度教的神祇「梵天」，目前大家前來參拜的這尊神像是當年Erawan酒店(現君悅酒店)在1951年興建大樓時，由於施工屢遭不順而請了開天眼的少將協助，在他的指示下舉行法事請梵天坐鎮，該酒店也順利於1956年完工。

1十分靈驗的四面佛，現在推動不點香的活動 225～50泰銖一份的供品 3願望實現後可以請舞者跳舞還願

David的貼心提醒！

四面佛參拜方式

眾所皆知四面佛有四個面向，分別代表著不同的意義，這裡來跟大家說明一下參拜的方式：

Step1

先到櫃檯購買1份供品(12支香、4串鮮花、1根蠟燭)。

Step2

由入口處開始拜，順時鐘方向依序代表為功名事業、愛情婚姻、財源金錢、身體健康。

Step3

每面拜完插上3支香、擺放鮮花1串。

Step4

最後，在你最想許願祈福的那面，插上蠟燭。

Step5

可以在東北角落這裡用聖水灑灑身體，祈求一切平安。

許願的內容如果實現了，一定要回來還願喔。現場也有跳舞給神明看藉以還願的服務，價格依演出人數而有不同。

愛神

週四晚上九點半求愛最靈驗

▲瞧！泰國年輕男女多需要愛情

除了四面佛，在曼谷當地民眾心中另外還有兩個印度教神祇相當的靈驗，那就是愛神與象神，位在Central World的旁邊廣場就有這兩尊神像。象神的介紹請參考惠恭王站(Huai Khwang)說明(P.126)，這裡來說說泰國年輕人超信的愛神！

愛神也稱三面佛(TRIMURTI SHRINE)，代表了印度教中的3種力量神祇：創造、破壞、保護。對於當地居民來說，祂對於愛情的靈驗度更是眾所皆知！每次經過都能看到許多年輕男女在這裡祈求愛情。

傳說愛神特別喜歡紅色玫瑰，所以在愛神像的周邊滿滿的都是信眾供奉的玫瑰花。其中最有意思的是，所有曼谷人都知道，每週四祈求最靈驗，而又以晚上9點30分最最有效，據說在這個期間愛神會親自降臨！

附近就有賣供品的攤位，愛神部分是9朵玫瑰、9根紅色香、2根紅色蠟燭。據稱穿紅衣服效果更好喔！點好香與蠟燭之後，先把蠟燭插在前方的檯子前，接著擺上玫瑰，持香對愛神訴說你的願望：希望愛情降臨或是你喜歡的人能夠愛上你之類的……

隨著時間來到9點30分，我的天啊，現場真的是人山人海！人多到現場香煙裊裊，連插蠟燭都要排隊。但是，我也發現來拜愛神的正妹好多啊！我實在不禁要想，都這麼正了還缺愛情嗎？

好啦，如果你的愛情有個缺，來這裡準沒錯！根據當地人告訴我，超級靈驗！也因此才會持續吸引大家來到這裡祈求屬於他們的愛情！

▼拜愛神要用玫瑰花

▼週四的9點半，整個廣場都是祈求愛情的人

特色美食 55樓浪漫高空酒吧

Red Sky Restaurant & Bar

MAP P.67／B3
1號出口
步行約10分鐘

DATA

http www.centarahotelsresorts.com/redsky ✉Central World 55樓(P.69) ☎(02)100-1234 🕐餐廳18:00～22:00、酒吧18:00～01:00 💲平均消費：餐廳2,500泰銖、酒吧500泰銖 ➡入口在Central World百貨後方的Centara Grand Hotel大門進入

曼谷有幾個高空酒吧都是擁有俯瞰全曼谷市夜景的超級景觀，其中Red Sky就位在Central World同棟Centara Grand酒店的55樓。超高露天的環境與一望無際的曼谷夜景，毫無疑問將帶給你的曼谷之行一個超級難忘的夜晚。

三五好友一起在高空飲酒多開心

餐廳用餐價格不斐，平均消費在2,000泰銖上下，比較適合情侶來浪漫用餐，如果預算有限，沒關係，來這裡點杯酒喝喝，500泰銖以內就能享受這超級景觀氛圍的高空酒吧囉！特別要提醒的是，餐廳一定要先訂位，不然很難有位子，另外還有服裝的限制，不可以穿拖鞋短褲入場。你也可以乾脆就住Centara Grand酒店幾晚，下樓就能逛Central World，上樓就有高空酒吧可喝。

特色美食 公認的超值好味道

海南雞飯

MAP P.67／C1
1號出口
步行約15分鐘

DATA

✉Petchburi Soi 30, Bangkok ☎(02)252-6325 🕐05:30～15:00、17:00～03:00 ⓧ週日 💲80泰銖 ➡1號出口方向不要下去，沿著空橋走2分鐘，第2個街道右轉後從左邊下，直行到路口右轉直走10分鐘，過小橋後路口右轉再走2分鐘

1 用餐時間門庭若市，不愧是最知名的海南雞飯餐廳
2 真的吃過就知道，出名不是沒原因的

網路上最受好評的海南雞飯就在這裡啦！雖然海南雞飯其實在曼谷到處都能吃到，但是要做到被大家口耳相傳公認好吃可不容易，這一家海南雞飯在台灣、香港、日本的旅遊書都被介紹，所以吸引的客人也多是這三個國家的遊客。這是一家位在轉角口的小店，記住「粉紅色制服」就對了！一份海南雞飯才40泰銖，還附上一碗雞肉清湯，真是超值！他們家的雞肉一點都不像一般雞胸肉澀澀的，反而有油光與嚼勁，果真名不虛傳！

David的貼心提醒！

這家店因為太出名，用餐時間竟然大排長龍，如果時間有限，旁邊936號另外一家綠色制服的海南雞飯其實也一樣好吃。

特色美食

曼谷吃到飽自助餐天花板

Copper Beyond Buffet Gaysorn Amarin

MAP P.67 / C4
2號出口
步行約2分鐘

DATA

✉496 502 Phloen Chit Rd, Lumphini, Pathum Wan, Bangkok，Gaysorn Amarin商城Unit 3F-s06, 3F-s07 ☎+66 61 14018199 💲2,500～5,000泰銖 ➡2號出口下樓梯，Gaysorn Amarin商城內

有泰國自助餐天花板之稱的「Copper Beyond Buffet」以其最高品質食材、米其林等級料理、Fine Dinning水準擺盤，在曼谷造成轟動！創始店位置偏遠依舊吸引絡繹不絕的饕客前往，如今它在市區的Gaysorn Amarin商城開設分店，要享用就容易多啦！

此地有超過150種高級料理，價格雖然高貴，但絕不是一般吃到飽自助餐可以相比。這裡的料理完全比照米其林星級水準，加上與星級主廚合作菜單，以和牛牛排、龍蝦、松露、鵝肝、扇貝等高水準食材，真正讓人見識到Buffet界的天花板！想要品嘗星級料理，又希望有高CP值、多品項，來這裡絕對不會失望！

千萬記得要先預訂，可以掃碼：

1 米其林餐廳等級的廚房
2 **3** 雖是自助餐卻有FINE DINNING等級的水準
(以上圖片提供 / Copper Beyond Buffet)

特色美食

全世界第一家米其林一星拉麵

Tsuta Japanese Soba Noodles 蔦

MAP P.67 / B3
1號出口
步行約6分鐘

DATA

✉Room No. A304, 3rd fl., Atrium Zone, Central World ☎(02)001 6030 🕐10:00～22:00 ➡同centralwOrld

Japanese Soba Noodles蔦，在2016年獲得米其林一星推薦，成為全球第一間以拉麵摘星的餐廳，原創店在東京巢鴨，主打利用天然食材的原味提煉湯頭，吸引無數拉麵饕客朝聖，現在曼谷就吃得到囉！

招牌拉麵才390泰銖，用這價位能收入一顆星星能不嘗試嗎？麵條算是Q彈，湯頭清淡中帶著濃郁海味，最驚豔的是溏心蛋，外部滷得入味，內餡飽水水，甚至滋味清甜。肉片很輕薄，軟嫩度適口，飲料的部分推薦抹茶系列，抹茶與桔汁的結合很讚。拉麵餐廳的好處就是一個人旅行也很適合，一碗拉麵搞定一餐，在centralwOrld商城逛累了，可以考慮在此用餐喔。

1 拉麵搭配抹茶飲料很合拍 **2** 招牌拉麵價格不貴，輕鬆摘星 **3** 商城3樓竟然出現米其林星級拉麵

蘇坤蔚線
Sukhumvit Line

新興的貴婦質感消費區

普隆奇站
Phloen Chit (E2)

拉差裡威站
Ratchathewi

暹邏站
Siam

奇隆站
Chit Lom

普隆奇站
Phloen Chit

那那站
Nana

阿索克站
Asok

彭蓬站
Phrom Phong

N1 — CEN — E1 — E2 — E3 — E4 — E5

← 堀口站
Khu Khot
(N24)

BTS席隆線
暹邏站
Siam

MRT地鐵線
蘇坤蔚站
Sukhumvit

凱哈站 →
Kheha
(E24)

Whitthayu Road

Som Khit Alley

Paris Mikki 🍴

🌳 Central Embassy

Phloen Chit Road

Ton Son Alley

5

1

2

E2

3

4

Soi Nai Loet

Sukhumvit 1 Alley

大倉和頤飯店 🏨

普隆奇站
Phloen Chit

Elements, inspired by Ciel Bleu ■

Whitthayu Road

Soi Ruam Ruedi

Duang Phithak Road

北

本站因為全新的貴婦百貨Central Embassy開幕，而成為新興的旅遊站點，加上日系的大倉酒店下午茶受到廣大遊客青睞，一時之間本站的華貴指數大大提升，現在就跟著David的腳步體驗一下貴婦級的內容吧！

購物血拼 高檔貴婦百貨+文創書店

Central Embassy

MAP P.77／B1
5號出口
步行約3分鐘

DATA

✉Central Embassy 1031 Ploenchit Road, Pathumwan, Bangkok ☎(02)119-7777 🕙10:00～22:00 ➡5號出口，沿著天橋直行3分鐘，右轉直接銜接

全新的Central Embassy，建築外觀採用特殊鋁瓦材料裝飾，形成曼谷新地標建築。從名稱就知道這區Embassy(大使館)特別多，想當然耳所針對的族群也是比較高階的階層。

除了國際名品購物及美食餐廳之外，特別值得一提的是Level 6整層的「Open House」空間，由蔦屋書店(Daikan-yama T-SITE)設計團隊執行規畫，整體設計感超群，融合閱讀、美食、藝術、音樂，是泰國文創的新代表。

1精品品牌的櫥窗設計也都很有看頭 **2**蔦屋書店設計團隊規畫的精緻空間 **3**純白色系的偌大購物空

特色美食 每季變換主題的下午茶

大倉和頤飯店下午茶

MAP P.77／B2
5號出口
步行約1分鐘

DATA

✉24F, Park Ventures Ecoplex, 57 Wireless Road, Lumpini, Pathumwan, Bangkok ☎(02)687-9000 🕙14:00～17:00 💲1,190泰銖 ➡5號出口，第一條馬路(Soi 11)左轉直行1分鐘

曼谷有許多品味下午茶的選擇，而日系的大倉飯店在推出「櫻花季珠寶盒下午茶」之後聲名大噪，眾多女性遊客指定非要安排一個下午來當個貴婦，悠閒地品味一番！

大倉的下午茶位於飯店24樓的Up & Above餐廳內，環境高雅悠閒，讓你一秒變貴婦，每季推出的下午茶品項都不同，配合季節、節日推出如：櫻花季、聖誕季、薰衣草季、雪花季等，每份單品甜點都超高顏值，絕對是打卡拍照的最佳選擇！一套兩人份含兩杯飲料，價格為1,950泰銖，如果選擇搭配香檳則為3,500泰銖(均需另加17%服務費、稅)。

1**3**甜品美得像是一幅畫 **2**24樓高雅舒適的環境 **4**不同季節推出的Season Special下午茶組(照片提供／大倉和頤飯店)

特色美食 在文青空間體驗巴黎風情

Paris Mikki

MAP P.77 / B1

5號出口
步行約3分鐘

DATA

✉Central Embassy商城Level 6 Open House內 ☎+66 88870
0021 🕙10:00～22:00 ➡見P.78的Central Embassy

曾在法國巴黎甜品店工作多年的泰籍
廚師Carol Boosaba，將她在巴黎感受學
習到的甜品風華帶回泰國，創立了Paris
Mikki這個品牌。位在Open House電扶梯
出口，可說是整個場地的中央位置，堪稱台柱般的存在。

這裡的甜品都擁有高顏值，面對櫥窗內排列的它們實在
選擇困難！不過你可以放心，怎麼選都不踩雷，所有甜品都
相當精緻，擁有甜美的口感卻絲毫不膩，每一口都是幸福的
感覺。想要徹底享受Open House這充滿設計感的空間，就
該以咖啡甜品佐之，David推薦法式千層、檸檬塔。

1 搭手扶梯上來直接看到開放式的甜品台 2 所
有甜品都好吃且高顏值 3 極有水準的檸檬塔

特色美食 融合日式精髓的米其林法式料理

Elements, inspired by Ciel Bleu

MAP P.77 / B2

5號出口
步行約3分鐘

DATA

✉25F, 57 Witthayu Rd, Lumphini, Pathum Wan District, Bangkok
☎(02)867-9000 🕙10:00～22:00 💲5,000泰銖

Elements本來就是連續數年獲得米其林一星的餐廳，
在2022年它們迎來了全新主廚：來自西班牙的主廚Gerard
Villaret Horcajo，是特別從荷蘭阿姆斯特丹大倉酒店旗下
米其林二星餐廳「Ciel Bleu」調派而來，將星級手藝延續呈
現給泰國饕客。Elements環境上採用開放式廚房設計，你
可以看到主廚與團隊料理的實況，而菜品上有非常多層次的
味覺堆疊，所以口腔內真的會有很特殊的觸動，讓人覺得驚
嘆不已！這裡僅提供晚餐，以套餐的形式上桌，分為4道、6
道、8道菜食，價位從4,100～5,900泰銖(均需另加17%服務
費、稅)。

Elements不愧是米其林奪星餐廳，在環境、味覺、創意性
等方面都有相當上乘的表現，相信你會覺得驚艷。

1 優雅的環境與開放式的廚房 2 來自西班牙的主廚Gerard Villaret Ho-
rcajo 3 4 5 主廚結合法式廚藝與日本風味，創作出星級美味
(圖片提供/Elements, inspired by Ciel Bleu)

蘇坤蔚線
Sukhumvit Line
雙鐵交會旅遊重點

阿索克站
Asok (E4)

 奇隆站
Chit Lom

 普隆奇站
Phloen Chit

 那那站
Nana

 阿索克站
Asok

彭蓬站
Phrom Phong

東羅站
Thong Lo

 伊卡邁站
Ekkamai

 E1 E2 E3 E4 E5 E6 E7

← 堀口站
Khu Khot
(N24)

 MRT地鐵線
蘇坤蔚站
Sukhumvit

凱哈站 →
Kheha
(E23)

阿索克站周邊街道圖

阿索克站(Asok)與MRT地鐵的蘇坤蔚站(Sukhumvit)相接，是重要的轉運點，旅居曼谷期間我幾乎天天造訪，不但是因為轉乘需求，更重要的是與地鐵相接的Terminal 21百貨是我最愛，也是見過最有創意想法的商城，你一定要來感受一下泰國人顛覆傳統百貨思維的作法！同時這裡還有電影《醉後大丈夫2》(The Hangover 2)取景地：牛仔巷(Soi Cowboy)、眾多的按摩SPA店與美食。

電影醉後大丈夫取景地

曼谷達人 *Bangkok*
3大推薦地

👍 遊客必訪
Terminal 21

　全曼谷最有設計感的百貨商城，打造出航廈樓的感覺，每一個樓層等於一個國家城市，風格也跟著主題來設計！(見P.84)

👍 電影瘋狂起點
Soi Cowboy

　人稱牛仔巷，因電影《醉後大丈夫2》的取景而聲名大噪，整條街都是GoGo Bar，燈紅酒綠的夜生活。(見P.82)

👍 休閒一下
按摩SPA

　本站周邊聚集了多家SPA按摩店，分別符合貴婦、CP值高與預算級的遊客喔！(見P.87)

遊賞去處　📷 電影取景一炮而紅

Soi Cowboy

MAP P.81 / C2
3號出口
步行約5分鐘

DATA

✉ Asoke Road (Soi 21) and Sukhumvit Soi 23之間　🕐 18:00〜02:00

　這一條小巷子反而該當成景點來介紹，許多外國背包客來到曼谷可是指定要來晃這條小巷子呢！當然這都是因為好萊塢電影《醉後大丈夫2》(The Hangover 2)的取景，從這裡開始引發了後續一連串荒誕的故事……確實，這一條牛仔巷(Soi Cowboy)也是曼谷三大GoGo Bar聚集地之一，入夜後前來，每一家酒吧都派出了自家正妹在門口攬客，感覺就像是個人肉市場一般，如果來此，點杯飲料看看Show就好，店家如果明示暗示進一步的「服務」，可不建議您嘗試啊！

越晚人越多，越晚妹也越多

特色美食

一間二吃，貪心同享泰義料理

Madam Saranair

MAP P.81 / C1
3號出口
步行約15分鐘

DATA

http www.madamsaranair.com ✉139 Sukhumvit 21, Klongtoey Nua, Wattana, Bangkok ☎(02)661-7984 ⏰11:00～21:30 💲平均消費：500泰銖 ➡3號出口下來，直接進MRT地鐵站，從1號出口上來，直行5分鐘，看到一個藥局左轉後的左側

這個位置有兩家餐廳：Big Mama與Madam Saranair，其實是同一個老闆。建議你到Madam Saranair，因為在這裡你同樣可以點到隔壁Big Mama的義大利料理。庭院像是個小雨林，綠色植物豐富，推門進入卻是個帶有復古風格的空間。一次上來兩本菜單，一本是本家泰式料理，另一本是隔壁的義式料理，多好啊，一次體驗兩種風味，你所熟悉的泰式料理這裡都能點到，但我要推薦的是Big Mama Salad，這真是我吃過最好吃的沙拉之一了！Sauce的滋味很特別，沙拉的新鮮度與口感也讚。還有就是Pizza，種類多多、用料豐富，吃義式Pizza配泰式酸辣湯真是太絕了！

1月亮蝦餅 2像是在雨林中餐廳入口 3大推Big Mama沙拉

在地推薦的泰式料理

Ponn

MAP P.81 / C2
3號出口
步行約1分鐘

DATA

✉4F, Terminal 21, 88 Sukhumvit 19 Alley ☎(02)000-9816 ⏰10:00～21:00 💲平均消費：600泰銖

旅居泰國多年的樂活民宿廖家母女推薦的愛店！這家的主廚Siripapak Patrajariya是獲獎無數的泰式料理廚藝高手，當然能端出精采的美味囉。泰式炸雞翅皮脆肉嫩，搭配特製的甜辣醬汁，是吮指回味的好味道。同時招牌的炸魚，提供了3種不同的醬汁選擇，外酥內嫩，搭配醬汁非常下飯！烤豬肉沙拉則是用大量的蔬菜襯托著烤香的豬頸肉，關鍵是用辣海鮮醬汁來調味，可以吃到又辣卻又清爽的口味。

1樂活民宿廖家母女推薦 2烤豬肉沙拉又脆又清爽 3招牌的烤魚有3種醬汁可以選擇

購物血拼

沒見過一個百貨公司這麼殺底片的
Terminal 21

MAP P.81 / C2
1、3號出口
步行約1分鐘

David的貼心提醒!

DATA

www.terminal21.co.th 2,88 Sukhumvit Soi 19(Wattana) Sukhumvit Rd. North Klongtoei, Wattana, Bangkok (02)108-0888 10:00～22:00

2011年底開幕的Terminal 21商城,整體設計與規畫讓我覺得把它當成景點來逛都得給他五顆星!光聽名稱就知道,Terminal 21(21航廈樓)以機場作為大主題來包裝,每個樓層都是一個

國家的主題情境,通往不同樓層就等於要前往該國,所以在手扶梯顯示著Departure、Arrived,看你是要出境還是入境到那個國家,也就是那個樓層囉!

包括了加勒比海(Caribbean)、羅馬(Rome)、巴黎(Paris)、東京(Tokyo)、倫敦(London)、伊斯坦堡(Istanbul)、舊金山(San Francisco)、好萊塢(Hollywood)。每到一個樓層就像是來到另一個國度一樣的充滿當地風情與驚喜!除了創意,更多的是用心!仔細的觀察看看,每個樓層管理人員、清潔人員的衣服都配合該樓層的主題國家特色來穿著,不但在創意、設計上有驚人的表現,在做事情的細節上竟然有日本人特有的堅持,真令人印象深刻。

每樓層的廁所都不一樣!很有特色!你一定得去「逛廁所」!

這裡的5樓美食街價位超合理,同樣內容比Siam的百貨美食街價格還便宜20%。

憑護照到G層服務中心申請無線網路帳號密碼,有效期1年,每次登入可以連線2小時,時間快到了只要Logout再登入又可以使用2小時!憑護照還可以辦理優惠卡(Tourist Privilege Card),在部分商家享有5～50%的消費折扣!

1 每前往一個樓層就是飛往一個國度 2 連每層樓廁所都是不同風格 3 倫敦的公車裡就是店家喔 4 金門大橋照樣搬進來 5 日本樓層

男生逛街攻略

誰說男生只能當挑夫

David的貼心提醒！

誰說男生來曼谷只能幫女生提包？別以為曼谷只是女生的購物天堂，Terminal 21的2樓倫敦樓層就有許多個性小店，都很適合男生選購衣飾，這裡也是David最愛來逛街找服飾的地方，內容又潮又有個性，還有絕佳的環境與冷氣，可別空手而回啊！女生如果想幫男朋友添購衣物飾品，這裡會是個好選擇！

商城裡的每個專櫃店家，都有自己的4碼店編號，第1碼是樓層，後3碼是專屬店號，方便顧客認編號尋找！

LineCense (2034)

洽圖洽市集發跡的創意T-Shirt名店，畫風深受台灣人喜愛，現在在T21就能買到囉！

推薦物： 潮T、個性小物

OLDSKULL (2121)

這家的T-Shirt我每次都是半打半打地買回家，便宜好穿又有特色，買來送禮也很讚！

推薦物： T-Shirt

Seven Star (2072)

老闆是個有個性的日本人，設計的T-shirt都另類搞怪。

推薦物： 潮T、公仔、帽子

BKK Original (3175)

同是洽圖洽市集發跡的超夯代購品牌，每個包包從造型、用色、設計都風格突出深受喜愛。

推薦物： 造型包包

女生看這邊！
Merimies (3176)

在中港台大受女性歡迎的水手包，這裡有喔！

推薦物： 水手包

城市中央出現泰北蘭納文化古宅

Kamthieng House Museum

MAP P.81 / C1
1號出口
步行約1分鐘

DATA

📪131 Soi Sukhumvit 21, Khlong Toei Nuea, Watthana, Bangkok
🕐週二～六09:00～16:30 ➡MRT Sukhumvit站1號出口前行約1分鐘

這是一個相對冷門的博物館，很多人甚至不知道在鬧區中有這麼一間博物館存在，占地不大僅需10分鐘就能逛完。這裡展出兩棟泰式建築，分別來自清邁與大城府。第一棟柚木屋建於19世紀中葉的清邁平河東岸，後人捐給Siam Society，便將這座充滿泰北蘭納文化風情的房舍搬到曼谷重組，並做為博物館展出泰北文化相關內容。旁側還有一棟傳統柚木房屋Saeng Aroon House則是來自大城府，具有泰國中部建築特色。遊客可以觀察不同地區的建築結構、特色、木工、雕刻之美，也可藉由展出的內容更瞭解昔日泰國的生活風貌。

1特色的高腳屋
2鬧區中出現泰北風情建築
3昔日生活的痕跡

泰國潮牌旗下咖啡店

C.P.S Coffee

MAP P.81 / C2
3號出口
步行約1分鐘

DATA

📪MF層, Termanal 21 📞(063)494-4036 🕐07:00～21:00
💲平均消費：200泰銖

隸屬泰國潮牌CPS CHAPS旗下的這間咖啡店位於阿索克站通往Terminal 21的通道上，你很難錯過。全透明的外觀，內部以水泥牆體搭配大理石檯面及金色線條造型燈，一看就很潮流範！

包括我在內，許多老外一早就來這裡享用早餐，一方面近地鐵方便，一方面坐等百貨開門，這裡的咖啡極具水準，推薦試試Dirty系列的咖啡，先以牛奶打底，覆蓋濃郁的咖啡讓它「慢慢弄髒」杯子很有畫面感。此外這裡的麵包、可頌都很有水準，不妨一試！

1潮牌旗下咖啡店設計也很潮 2咖啡、麵包都很美味 3Dirty系列飲品如同藝術品般呈現(照片提供 / CPS Coffee)

特色美食

50歷史老牌泰式料理餐廳

Savoey

MAP P.81 / C2
3號出口
步行約1分鐘

DATA

✉Terminal 21商場5樓　📞(02)055 6258　🕙10:00～22:00

Savoey是泰國老字號的餐廳，擁有超過50年的歷史，對於泰國傳統料理的烹調手法非常在行，打開厚厚的菜單，你所知道的泰式料理菜色這裡都有。特別推薦海鮮類料理，像是咖哩螃蟹、烤大頭蝦、炸魚等，不少人認為更勝建興酒家，無論怎麼點都不會踩雷，你也來試試吧！David推薦試試綠咖哩炸鱸魚，泰國人炸魚就已經很好吃了，這裡還搭配了綠咖哩及米線，提供了不同的味覺感觸。另外，厚實的金錢蝦餅、泰式酸辣湯也都是台灣人熟悉的必點內容。

1 招牌的咖哩炒螃蟹是必點料理 **2** 金錢蝦餅Q彈香甜 **3** 店面就在手扶梯上樓處 (照片1,2提供 / Savoey)

SPA按摩

身心放鬆的舒適空間

Urban Retreat

MAP P.81 / C3
4號出口
步行約1分鐘

DATA

🌐www.urbanretreatspa.net　📍348/1 Sukhumvit Rd, Bangkok　📞(02)229-4701　🕙10:00～22:00　💲1小時泰式按摩600泰銖，2小時精油按摩2,000泰銖起

David的貼心提醒！

官網可線上預約，不定期有優惠在官網公布，記得要先去看一下有沒有好康喔！

本站4號出口一下樓就看到，相當的好找，環境也很不錯，淡黃色系的空間設計，與舒適乾淨的空間，自家品牌的精油及保養品，來到這裡按摩兼休息，超讚！女性遊客建議來個精油按摩(Aroma Oil Massage)或是全身磨砂去角質(Body Scrub)。

男性來到這裡，推薦他們的Oriental Package，2個小時1,200泰銖，包括了40分鐘腳底按摩、10分鐘肩頸按摩、70分鐘泰式加草藥球熱敷，做完2個小時整個人超級舒坦，渾身輕飄飄的，馬上可以繼續逛街大半天！對了，喜歡的話也可以在他們這裡買些草藥球回家喔，價格120泰銖。

1 精油與去角質保養品 **2** SPA環境乾淨舒適

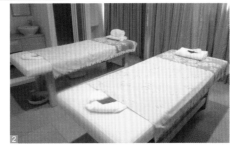

蘇坤蔚線
Sukhumvit Line

The Mall集團包辦周邊所有商城

彭蓬站
Phrom Phong (E5)

普隆奇站
Philoen Chit
E2

那那站
Nana
E3

阿索克站
Asok
E4

彭蓬站
Phrom Phong
E5

東羅站
Thong Lo
E6

伊卡邁站
Ekkamai
E7

帕卡儂站
Phrakanong
E8

← 堀口站
Khu Khot
(N24)

MRT地鐵線
蘇坤蔚站
Sukhumvit

凱哈站 →
Kheha
(E23)

彭蓬站周邊街道圖

北

EOI Massage & SPA

S31 HOTEL

Philippe

EmSphere

Greyhound Cafe

The EmQuartier

彭蓬站
Phrom Phong

Adagio Bangkok

8 Elements Spa Massage

榮泰米湯粉

Sukhumvit Road

Soi 31
Soi 33
Soi 22
Soi 33/1
Soi 35
E5
Soi 39
Soi 24
Soi Ari
Sukhumvit Road
Soi 41
Soi 28

彭 蓬站可說是The Mall集團的大本營，不但地鐵站兩邊有貴婦百貨Emporiun、流行百貨EmQuartier，更新開幕了EmSphere這個超人氣新商城，這站光是這三座商城就能滿足所有族群的購物需求！除了逛街購物，本站巷子內還有許多美食餐廳值得探索！

購物血拼

室內室外穿梭的流行百貨

The EmQuartier

MAP P.89 / C3

1號出口
步行約1分鐘

DATA

www.emquartier.co.th ✉693, 695, 622, 626 Sukhumvit 35, Sukhumvit Road
(02)269-1000 🕙10:00～22:00 ➡Phrom Phong站1號出口出站即達

在曼谷新開的百貨商場中，The EmQuartier應該算是非常有特色的，一到地鐵站就能看到它，整個百貨由The Helix、The Glass、The Waterfall Quartier共3棟建築組成，互相連通又各有特色！

建築本身就充滿奇思妙想，白天看似純白的外觀，到了晚上卻是七彩螢幕，後棟的The Waterfall G樓層外有東南亞最高的人造瀑布，室內有360度扭曲螢幕柱，Water Garden半空中還有室外花園呢！

百貨部分主打高端品牌，國內外的一線品牌統統到齊，追求時尚的貴婦不可錯過Jimmy Choo、BAPE；美妝有韓系的Style Nanda、男裝有泰國首家的Dior Homme。此外，還有超大的無印良品旗艦店，以及%咖啡進駐！

1純白色系配上迴旋外觀的百貨公司 2%咖啡這裡也有 3360度扭曲螢幕柱 4空中的露天花園，逛街還能吸收芬多精 5一層一層螺旋向上的美食餐廳區

David的貼心提醒！

特色推薦

The Glass Level 2：泰國品牌專區：集結了泰國服裝設計師品牌。

The Helix Level 4：Another Story，這一區全部都是生活創意精品，搜羅了世界各國設計師的創意設計物，大推！

The Helix Level 6～9樓：多達百家的美食餐廳，以螺旋狀的形式設計步道，建議從6樓開始，邊散步邊找餐廳。

特色美食　從服裝設計轉向料理藝術

Greyhound Cafe

MAP P.89／C3
2號出口
步行約1分鐘

DATA

http www.greyhoundcafe.co.th ✉2nd Floor, Waterfall Quartier
📞(02)003-6660 🕐11:00〜21:00 ➡1號出口直接連通百貨商城內

　　灰狗餐廳是一家知名的泰式創意料理餐廳，他們的品牌最早始於特色服飾，是泰國的流行服飾品牌之一。目前推出的餐廳同樣掌握了泰國特色精華，不但在曼谷大受歡迎，甚至開到了香港去！在The EmQuartier百貨的2樓就有一家分店，記得要前來品嘗喔！食物方面融合了東西飲食的文化，可以點到泰式與西式的美食，特別推薦試試他們的Mocktail飲料，以新鮮水果調製，沒有酒精，很好喝喔！

◰用菜葉包裹碎肉與青辣醬，超讚 ◱來這裡必點 ◲青柚沙拉酸甜口感很正

特色美食　50年老字號

榮泰米湯粉

MAP P.89／D3
4號出口
步行約15分鐘

DATA

✉10 3 Sukhumvit 26 Alley, Khlong Tan, Khlong Toei, Bangkok 📞(02)258-6746 🕐08:00〜16:30 💲平均消費：60泰銖

　　這是一間有著50多年歷史的老字號米粉湯店，有趣的是你會發現其實它有兩個店面，就在彼此的隔壁，據說是兄弟倆分別開一家，互打擂臺。兩家你都可以試試看，不過因為出名，所以用餐時間一位難求，就選大間位置多的吧！

　　形式分小中大碗，你可以先選擇麵條種類(蛋麵、米粉、粿條、河粉、粉絲、尖米粉)，然後選擇搭配的佐料(魚丸、魚餅、豬肉、豬肉末等)，最後決定湯頭(泰式酸辣、清湯)。同時這裡的炸魚皮也很好吃，加上招牌的龍眼茶、菊花茶，組合起來就是簡單卻豐富的一餐啦！

◰50年老店米粉湯 ◱有中文也有照片，點單很容易 ◲魚丸魚餅還是最招牌的搭配

特色美食 米其林必比登推薦法式料理

Philippe

MAP **P.89 / D2**

3號出口
步行約8分鐘

DATA

✉20/15-17 Sukhumvit Soi 39 Bangkok ☎(02)259 4577 ⏰午餐11:30
～14:30。晚餐18:30～22:30 ㊡週一 ➡3號出口下來右後回轉到Soi39
左轉步行8分鐘

主廚Philippe Peretti自1997年就在曼谷開設這間餐館，他
在年輕時便跟隨過許多法國米其林餐廳的頂級廚師，後來在
紐約、夏威夷、中國、日本、柬埔寨等地從事美食工作，更
曾為航空公司的頭等艙設計餐飲，最後因為愛上泰國而常住
於此。

餐廳的門口不是特別突出，很容易不小心錯過，內部的環
境高雅端莊，因此有服裝要求，無袖露腳趾的服裝止步。菜
單上有許多的料理提供選擇，如果吃晚餐要記得先訂位，特
別推薦他們的Lunch Set，只要950泰銖就能享用3道佳肴，
是最划算的選擇。

🔳烤土雞肉佐蘋果醬風味絕佳 🔳環境算是
精緻高雅

購物血拼 曼谷最新商城華麗誕生

EmSphere

MAP **P.89 / B2**

6號出口
步行約3分鐘

DATA

✉628 Sukhumvit Rd, Khlong Tan, Khlong Toei, Bangkok ☎(02)269
1000 ⏰10:00～22:00 ➡出站後往西沿著空橋走，有通道直達商城

EmSphere是The Mall集團最新力作，占地高達20萬平方
米，連IKEA都裝得進來！逛過之後你會感覺：真的只有泰國
能超越泰國，已經有如此多的商場，他們卻永遠都能讓你眼
睛一亮！連通地鐵的空橋一進來就是挑高空間與電子螢幕地
板，華麗的布置光是拍照都要花很久！新商城也吸引了許多
新品牌的進駐，像是地獄廚神Gordon Ramsay，首度將旗下
餐飲品牌：Bread Street Kitchen、Bar、Street Pizza帶進泰
國就選擇在此設
點，此外還有泰
國品牌的VE/LA
咖啡、Hikari水
果可麗餅等等，
優先推薦大家來
逛美食樓層！

🔳超過1000個品牌設櫃 🔳只有泰國能超
越泰國的室內設計 🔳美食樓層的設計也
相當突出

推薦東方文華同等級精油按摩

8 Elements Spa Massage

MAP P89 / D2　4號出口 步行約15分鐘

DATA

http 8elementsspa.com ✉ 1, 7 Soi Sukhumvit 39, Khlong Tan Nuea, Watthana, Bangkok ☎ (02)060-3166 ⊕ 10:00～22:00

這間SPA按摩店的門面有點低調，而且雙面開口，其中一面進入像是個咖啡店，沒錯！這裡也有提供早餐跟咖啡甜品的服務，相當奇妙！雖然店面不大，但是服務意識極高，論價位它們略高於一般街邊按摩店，但按摩前後都有提供飲品，整體環境、技師手法都相當出色，完全對得起價格。要特別推薦它們家的精油按摩，主打與東方文華同樣的精油，價格卻相對划算，是小資女生可以享受的選擇。

１環境與服務皆有水準 ２相當低調的門面，不說可能都不知道有SPA店 ３按摩後提供自家製作薑茶

台灣店長親切為你服務

EOI Massage & SPA

MAP P89 / D1　5號出口 步行約15分鐘

DATA

http www.facebook.com/Eoispa ✉ 24/3 Soi. Charoen Niwet, Sukhumvit Soi 35, Prakanong, Klongtoey, Bangkok ☎ (02)047-4186 ⊕ 10:00 ～20:00 💲 平均消費：腳底、泰式按摩400泰銖起，精油按摩600泰銖起 ➡ 5號出口下來右後回轉到Soi35左轉步行10分鐘或在巷口等待專車

這家按摩店是台灣帥哥老闆Leo所經營，年輕的小鮮肉本身就很有吸引力了，何況這裡每一位師傅都是從泰國著名的按摩學院聘請，擁有專業的按摩證照，經過測試合格才能開始上線服務，難怪從2016年開幕迄今都保持超高評價。

很多人到泰國按摩因為不會泰文，常常覺得按摩不到位，卻有口難言，在EOI SPA就放心多了，不但有中文Menu，臉書的服務也是中文的！直接線上或電話預約，相當方便。雖然地點在巷內，但是貼心的提供了專車接送，會在地鐵1號出口旁的Armani門口等候，記得先預約喔！

推薦項目是2小時的藥草球按摩+精油按摩1,050泰銖，相當佛心的價格！

１舒適的環境、舒適的環境 ２台灣來的Leo帶領專業團隊為你服務

蘇坤蔚線
Sukhumvit Line

日系美食X年輕氣息的創意街區

東羅站 ｜ 伊卡邁站
Thong Lo (E6) ｜ Ekkamai (E7)

那那站
Nana

阿索克站
Asok

彭蓬站
Phrom Phong

東羅站
Thong Lo
伊卡邁站
Ekkamai

帕卡儂站
Phrakanong

安努站
On Nut

E3 ┄ E4 ┄ E5 ┄ E6 ┄ E7 ┄ E8 ┄ E9

← 堀口站
Khu Khot
(N24)

MRT地鐵線
蘇坤蔚站
Sukhumvit

凱哈站 →
Kheha
(E23)

theCOMMONS

Roast

Thong Lo Soi 10

Sabaijai

Health Land

Soi 55

Soi 53

Soi 63

Dog in Town

東羅站
Thong Lo

1
2
E6
3
4

Soi 38

Soi 40

The Gardens of Dinsor Palace

巴士東站

1
2
E7
3

伊卡邁站
Ekkamai

Gateway

4

北

A　B　C　D

東羅站的主要特色，集中在出站後往北的Thong Lo 55巷，這一路上雖然有許多的特色店家，但是用步行的實在很遠，記得要善用計程摩托車或計程車。至於伊卡邁(Ekkamai)站則是因純日系的百貨開幕而吸引人潮，兩站放在一起介紹給大家。

3大推薦地

theCOMMONS
遊客必訪

曼谷小紐約之稱的東羅區最具社區發展特色的創意文化社群聚集地。(見P.98)

時尚潮料理
The Gardens of Dinsor Palace

這是一個孔雀陪我吃漢堡的地方,而它竟然就在曼谷市中心?(P.99)

展現創意
Dog In Town

曼谷特色的狗狗主題咖啡店,讓你與可愛的寵物近距離接觸!這裡的飲料與簡餐也不賴唷!(見P.99)

遊賞去處

前進芭達雅、沙美島巴士站

Eastern Bus Terminal

MAP P.95 / B4
2號出口
步行約1分鐘

DATA

✉13 Sukhumvit Rd. Soi 63. Bangkok 📞(02)391-2504 🕐06:00〜23:00

對於喜愛轉進第三地又不想要跟團的人來說,位於Ekkamai的巴士東站就很重要啦,距離曼谷2〜3小時車程的海濱:芭達雅和沙美島(Koh Samet)是許多遊客來到曼谷會考慮納入行程的地方。芭達雅有全世界最出名的夜生活與海上活動,沙美島則是碧海藍天和白沙的放空天堂!Ekkamai巴士站發出的巴士都是空調大巴,坐起來蠻舒適的,到芭達雅票價131泰銖、沙美島約200泰銖,非常輕鬆合理的價格就可以把你安全送達。怎麼樣?考慮一下延長你的假期吧!

往曼谷東南方向的城市由巴士東站發車

特色美食

大排檔划算泰國東北料理

Sabaijai

MAP P.95/C1

1號出口
步行約10分鐘

DATA

📍87 Ekkamai 3 Alley, Khlong Tan Nuea, Watthana, Bangkok ☎(02)714 2622 🕐10:30～22:00 🚇Ekkamai站1號出口沿著Soi63往北走10分鐘

Sabaijai在泰文的意思是「真舒服」，這間位在巷內搭了個大鐵棚，頂上有著太陽中公雞圖案的餐廳，是間相當老牌的泰國東北料理店，店內永遠有住附近的日韓客人，顯示其美味深受旅居者的喜愛！

來到這裡真的很放鬆，日常的環境、划算的價位，就能品嘗到道地泰國東北菜肴，招牌的豬頸肉醃製入味又有嚼勁、泰式酸辣蝦湯不但濃郁而且大蝦Q彈、此外像是炸雞翅、烤雞、金錢蝦餅等等也通通好吃且不貴！人多一點熱熱鬧鬧的吃上一頓划算的泰式料理，絕對是回味無窮！

1認準有著大公雞招牌的棚架就沒錯 **2**招牌的豬頸肉必點 **3**泰式酸辣蝦湯小份也適合一個人享用 **4**檸檬冰沙清涼鎮辣

購物血拼

極致純日系血統百貨

Gateway

MAP P.95/C4

4號出口
步行約1分鐘

DATA

🔗www.gatewayekamai.com 📍982/22 Sukhumvit Rd. Soi 42. Bangkok ☎(02)108-2888 🕐10:00～22:00

其實從Phrom Phong、Thong Lo、Ekkamai都算是大量日本人居住的地區，所以這裡不但有許多的日系店家百貨，也很容易遇到日本人，2012年開幕的Gateway百貨打著純日血統，目標就是吸引居住附近的日籍客人消費。整個環境布置都很日式，最特別的是連接捷運的這個樓層，全部都是日式美食餐廳，如果特別喜歡日本料理的遊客不要錯過。

1這隻是Gateway的吉祥物 **2**各種日本料理店都能見到 **3**完全的日本風

MAP P.95 / B1
3號出口
步行約20分鐘

遊賞去處

一種社區氣質的凝聚

theCOMMONS

DATA

🌐 thecommonsbkk.com ✉335 Soi Thonglor 17, Klongton Nue, Bangkok ☎(02)712-5400 🕐08:00～00:00 ➡東羅站搭計程車，或是3號出口出站沿著55巷走20分鐘

一直以來東羅區就有自己明確的個性，文青、創意，甚至帶點叛逆，加上這裡是大量日本與外國人居住的地帶，整個的氣氛就很潮很洋氣。

theCOMMONS突兀的以清水模建築屹立於巷內，卻持續獲得國內外的建築大賞，看看他們的標語：「Our intention is to build first a community, then a mall」，要創造的是一種社區的氛圍，而你確實也能感受到這裡的店家、人、氣氛都沒有太多的商業氣息，反而是輕鬆寫意的日常風。

這裡的商店也充滿個性，所有的小店你都可以進去晃晃，或是在半露天的場地中坐下來喝杯飲料拍拍照，感受一下曼谷小紐約的氣質。

ROAST

位在theCOMMONS頂樓的這家ROAST是曼谷的超級人氣店，環境上有著無印良品風，木質地的桌椅，大片窗戶的採光，加上周邊日本、歐美人士都來這裡享用美食甜品，整個氣氛已經先聲奪人。可以早上來享用早午餐，或是午後時分來喝杯咖啡享用甜品。他們家的東西真的令人激賞，一杯濃醇的拉花拿鐵，配上美好的藍莓起士蛋糕，美到不行！

1 沒有大量修飾的個性外觀 2 可愛的店家造型 3 一種特殊的氣質瀰漫在空氣之中 4 美式的早午餐 5 拉花拿鐵＋藍莓起司蛋糕 6 極簡的環境與超好的生意

特色美食

隱藏在鬧市裡的世外桃源

The Gardens of Dinsor Palace

DATA

MAP P.95 / B3 1號出口 步行約5分鐘

✉Soi Chumbala Sukhumvit Road (between Soi 59 & 61) Wattana, Bangkok ☎(02)714 2112 ⏰10:00～23:00 ➡Ekkamai站 1號出口，往西方向步行3分鐘右轉進巷子

很難想像在曼谷這樣的國際大都會，市中心位置，卻藏著一座花園，這裡不但有大量綠意、小河，甚至還有孔雀、天鵝、小白兔等動物，完全就是世外桃源！事實上這個位置過去真的是泰皇拉瑪五世送給公主的宮殿。

目前這裡是一間提供美式餐飲的餐廳，主食包括：漢堡、三明治、沙拉、牛排、義大利麵、PIZZA等，也可以在午後來享用下午茶，蛋糕、鬆餅、咖啡等也通通都有，最重要的是優質的環境，讓你在綠意包圍中靜下心來，身旁還有可愛的小動物不時出現，讓人超驚喜，不論是大小朋友，來到這裡都會覺得很開心！

1如同童話中花園宮殿的環境 **2**這樣的小河、花園竟然是在曼谷市中心 **3**這裡還有孔雀喔
(1,3圖片提供 / The Gardens of Dinsor Palace)

特色美食

超卡娃依的狗狗主題咖啡店

Dog in Town

DATA

MAP P.95 / C2 1號出口 步行約10分鐘

🌐www.dogintownbkk.com ✉16/1 Ekkamai 6, Klongton-Nua, Wattana, Bangkok ☎(061)659-4545 ⏰11:00～21:00 ➡Ekkamai站1號出口，沿Soi63走到Soi 6走轉進入就會看到指示牌

這間狗狗主題咖啡店躲在巷子內，需要一點耐心來找尋，轉進巷子後走不久就會看到占地不小的基地，獨門獨院還有超大的空間給狗狗跑步。

咖啡店的空間設計有著工業風格，屋頂垂下多種不同造型的鎢絲燈泡，地板綜合了花紋磁磚與木地板，加上黑鐵窗框，整體的感覺還不錯，由於這一帶是日韓僑聚集的地區，所以你會發現附近的鄰居帶小朋友來親近狗狗，這是一個會把你融化的地方，因為有這些可愛的寵物朋友圍繞著你：可愛的狗狗們自由的在店裡穿梭著，遇到客人也會去撒撒嬌，人與狗的互動是這裡的賣點。

餐飲有咖啡、飲料、簡餐。最受歡迎的是彩虹汽水，有4種不同顏色(口味)，非常高顏值所以很受女性顧客的喜愛。

1偌大的室外空間讓狗狗跑步 **2**帶有工業風的室內環境
3與狗狗零距離親密互動

象神站
Chang Erawan

地標級景觀博物館

遊賞去處

三頭象神博物館

1號出口
步行約15分鐘

DATA

✉99/9 Moo 1, Sukhumvit Road, Bang Meung Mai, Amphoe Meung, Samut Prakan ☎(02)371-3135 ⏰09:00～19:00 💲成人400／兒童200泰銖 ➡Chang Erawan站1號出口步行15分鐘，或利用Grab叫車。離開時大門口有免費接駁嘟嘟車到地鐵站

　　遊客來到這站就是為了參觀這座巨大的三頭象神博物館，它足足有43.6公尺(14層樓高)，光是大象就有39公尺，全身以手工將不同尺寸的銅片鋪成，重達250公噸，內部鏤空有螺旋梯可以爬上頂部空間。

　　建築物內部依據信仰分為三層：地宮、人間、天界，就是天地人三界的概念，地宮展出博物館主人的收藏品，此處禁止拍照，而遊客從博物館入口進來就是人間，粉紅色系的樓梯，雕飾著各類拼貼，加上頂端的彩繪玻璃，是所有網美必拍照打卡的位置！沿著內梯盤旋往上，會抵達天界，這個空間內有著整片的壁畫，描述天界的星斗運行，同時也有佛祖像供信眾參拜。

1 超巨大的三頭象神是地標級景觀 2 進入博物館就是粉色樓梯超好拍 3 完全手工拼貼出來的宗教圖像 4 內部的頂層是天界空間 5 走過這些象底下會有大象叫聲喔

凱哈站
Kheha

David的貼心提醒！

古城76府、三頭象神博物館都是同一個主人，建議可以安排在同一天前往，購買聯票更划算，或掃碼購票。

空鐵Kheha站出站後搭乘這個雙條車前往古城76府

遊賞去處

一趟看遍全泰國地標景觀

古城76府

3號出口轉搭雙條車

DATA

✉296/1 Moo7 Sukhumvit Road,Bangpoomai, Amphoe Samut Prakan Samut Prakan Province 📞(02)323-4095 🕐09:00～19:00 💲成人700／兒童350泰銖 🚇BTS空鐵搭到底(Kheha站)，3號出口下去會有36路雙條車，只要10泰銖就可以到古城入口(記得開Google Map)要到了記得按鈴下車；回程搭乘點在大門天橋底下。週末09:30、12:30有免費接駁車

這個古城76府還在持續不斷的增建中，比照泰國國土的造型，將各府的特色建築移植到這裡，占地達1,214畝！遊客可以選擇租借腳踏車、電瓶車或是搭乘遊園車(只停靠4個點，每次停留15～20分鐘，50泰銖)，推薦利用腳踏車漫遊，賞玩整個園區要花掉至少5個小時喔！

記得索取景區地圖，才能搞清楚方位，每一個景點都非常好拍！是大受歡迎的景點，園區內有泰式自助餐吃到飽，建議加購！然後在景區騎乘時，要注意防曬喔。

1 2 3超好拍的泰國各地美景 **4**園區內的復古遊園車 **5**騎腳踏車逛古城是最佳選項

席隆線
Silom Line

伴手禮一站購足+泰絲奇人故居

國立體育館站
National Stadium（W1）

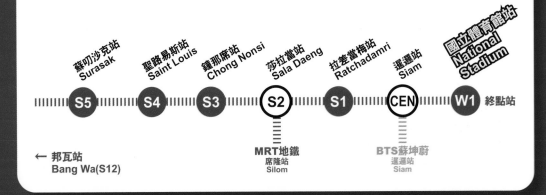

蘇叻沙克站 Surasak	聖路易斯站 Saint Louis	鐘那席站 Chong Nonsi	莎拉當站 Sala Daeng	拉差當梅站 Ratchadamri	暹邏站 Siam	國立體育館站 National Stadium
S5	S4	S3	S2	S1	CEN	W1 終點站

← 邦瓦站
Bang Wa(S12)

MRT地鐵
席隆站
Silom

BTS蘇坤蔚
暹邏站
Siam

國立體育館站周邊街道圖

金湯姆森博物館

Hua Chang 碼頭

Chao Hostel

Rama I Road

Soi Kasemsan 2

Soi Kasemsan 1

Phaya Thai Road

IceDEA

Siam Discovery

BACC

Rama-I-Road

W1

國立體育館站
National Stadium

MBK

Soi 1

Soi 2

Siam Square 7

Soi Chulalongkorn 64

朱拉美食一條街

Phaya Thai Road

北

國立體育館站(National Stadium)距離市區的Siam商圈不遠，一路逛街走過來挺方便的；這站最主要的景點，分別是可購買所有種類泰國紀念品的MBK商城，與不定期展出文化藝術內容的曼谷藝術文化中心(Bangkok Art and Culture Centre)。附近巷內還有創造行銷全世界泰絲品牌的傳奇人物：Jim Thompson的家，在他無故消失在地球之前，一直都是住在這裡，現在則是泰絲博物館。

曼谷達人 *Bangkok*
3大推薦地

遊客必訪
MBK商城

這裡是我專門用來採購紀念品的商城，如果不想煩惱要帶什麼禮物回台灣送人，安排點時間來這裡就對了！(見P.106)

冰淇淋變裝秀
IceDEA

曼谷的冰淇淋店又多又便宜，但最有創意的就是IceDEA了！你一定無法想像，眼前所看到的美食料理會是由冰淇淋製作而成！(見P.105)

傳奇人物故居
金湯姆森博物館

一個知名品牌、一個美國人、一段傳奇故事，造就了金湯姆森一生故事的神祕性，如今他的住宅化身博物館，有興趣不妨來參觀一番。(見P.105)

遊賞去處

收起血拼戾氣，來賞藝術設計

Bangkok Art and Culture Centre

MAP P.103／C3
3號出口
步行約1分鐘

DATA

http www.bacc.or.th ✉939 Rama 1 Road, Wangmai, Pathum-wan, Bangkok ☎(02)214-6630 🕐10:00～21:00 休週一

泰國在設計、創意方面真的很突出，位於本站的曼谷藝術文化中心(BACC)也是非來朝聖不可的地方。位於知名MBK購物中心對面的白色建築內，不定期有各類藝術展出，而且是免費入場；內部設計為圓形環階而上，部分展出禁止攜帶包包入內，必須託管，記得帶護照來交換保管箱鑰匙。

1多個樓層都有展出空間 2環狀設計的內部空間

遊賞去處

金湯姆森博物館，消失在地球的傳奇人物

Jim Thompson's House & Museum

MAP P.103 / B1

1號出口
步行約5分鐘

DATA

www.jimthompsonhouse.com ✉6 Soi Kasemsan 2, Rama 1 Road, Bangkok ☎(02)216-7368 ⏰09:00～18:00 💲成人200泰銖，22歲以下100泰銖，10歲以下免費 ➡1號出口下樓後，第一條巷子(Soi Kasemsan 2)右轉，步行100公尺左右即達

　　金湯姆森博物館又稱為「泰絲博物館」。金湯姆森是美國人，原是CIA情報員，二戰期間來到曼谷，後來長住於此；他致力於推展泰絲，將之打造為國際知名品牌，行銷全世界，也因此富甲一方。金湯姆森的故事有其神祕性，在他屋內牆上有一幅占星圖，顯示屬馬的他在61歲時將有一場劫難，而也就這麼巧，在61歲那年他與友人前往馬來西亞北部森林度假時失蹤，從此音訊全無。

　　這裡就是他當年的居所，現在是泰絲博物館，有6棟柚木建造的房舍，所有布置保留當年居住時的情況，同時他所收集的文物古董也陳列於此，有專人以英、日文解說；此處還有個環境優雅的泰式餐廳，可坐在蓮花池畔愜意地用餐，不過價格稍貴些。

1保留了當年屋內原樣陳設 2共有6棟以柚木建造的傳統房舍 3博物館旁邊的餐廳，氣氛相當好

特色美食

冰淇淋會易容術，好神奇！

IceDEA

MAP P.103 / C2

3號出口
步行約1分鐘

DATA

www.icedea.com ✉曼谷藝術文化中心(Bangkok Art and Culture Centre)4樓(P.104) ☎(089)834-5950 ⏰11:30～19:00 休週一 💲平均消費：250泰銖

　　經過幾天曼谷之旅，有沒有覺得泰國人創意十足？接下來要介紹的是「創意冰淇淋」店，位在曼谷藝術文化中心4樓，小小店面裡有的是不可思議的驚奇！把冰淇淋做成牛排、豬排、壽司等維妙維肖的食物造型，如果不說，根本無法想像眼前這美食竟然是冰淇淋！一定要買來吃吃看，順便猜猜製作工序與組成原料，會非常的有意思喔。

1這份豬排是冰淇淋你信嗎 2這份牛排也是冰淇淋唷

購物血拚

購買紀念品小物的主戰場

MBK商城

MAP P.103／C3

4號出口
步行約1分鐘

DATA

http www.mbk-center.co.th ✉444 Phayathai Road., Patumwan, Bangkok ☎(02)620-9000 🕙10:00～22:00

MBK就像是一個超級大的百貨加雜貨賣場，店面多達上千家，這是Siam地區我最喜歡去買紀念品的商城了，幾乎能想到的這裡通通有，可以看到許多老外跑來買假錶(Lady Gaga來曼谷開演唱會都說出想來買假錶引發爭議)、印度人來買手機電器、中國人買紀念品。

現在日本的「激安殿堂」也在這裡開設分館，不用去日本也能採購日本商品，同時越來越多美食餐廳進駐，日本料理的劍心、評價牛排的Eat Am Are、2樓與7樓都有來自秋葉原的女僕餐廳Maidreamin，逛累了也不用擔心找不到地方休息用餐喔！

■1什麼紀念品都買得到 ■21樓中庭是超級特賣區，價格驚人的便宜 ■3MBK與激安殿堂都在這棟喔

David的貼心提醒！

MBK的Fight Night有免費精采賽事可欣賞

想要欣賞泰拳的遊客注意，MBK有免費的賽事可看！每月第一個、最後一個週三晚上開打，時間是17:00～20:00，地點在G樓層ZoneA，精采刺激，行程時間有遇到一定要安排！

特色美食　整條馬路都是吃的！怎麼也吃不完啊

朱拉美食一條街 (Thanon Banthat Thong)

MAP P.103／A3
2號出口
步行約15分鐘

DATA

➡2號出口出站，沿著Rama I路往西走6分鐘，遇到Banthat Thong路左轉

這條Banthat Thong路全長約1公里，最北側近BTS的國立體育館站(National Stadium)，最南側近MRT的Hua Lamphong站，緊鄰朱拉隆功大學。南側這頭是昔日潮州移民聚集地區(黃橋)，有許多潮汕美食攤位，近年漸漸往北擴張，聚集經濟效益發威，加上周邊學生的用餐需求，美食餐廳一家一家開，目前已經有超過百間，其中更有許多獲得米其林推薦的小吃，一定不要錯過！

餐廳真的太多，光看就眼花撩亂，熱門店更是人行道都塞滿排隊的人潮，其實能夠在這個激戰區活下來的餐廳都有一定水準，隨便一間走進去都不會讓你失望，這裡也介紹幾間遊客可以品嘗看看的店：

每家餐廳都爆滿

Jeh O Chula 酸辣媽媽麵

✉Charat Mueang巷113號

米其林連續多年推薦的超級排隊名店，至少要等2小時！在這條美食街還沒成形前，它就在這裡了！招牌的酸辣媽媽麵是必點招牌，現在有快速通道。可利用Klook預約。

impo Khao Tom Pla 魚粥

✉983、985號

牆上高掛著連續7年米其林推薦，這是間主打新鮮魚粥的餐廳，看似清淡的湯頭中有著鮮甜的海味，推薦選擇石斑魚肉片粥，鮮嫩美味！

Nueng Nom Nua 牛奶烤土司

✉1471號

位於路口處，超大的笑臉娃娃圖像，想錯過都很難！這家店主打烤土司，搭配各式不同的沾醬，然後來自日本的牛奶也很香醇，門口永遠有排隊的人潮。

Hot Pot Ice Cream Yotse 火鍋冰淇淋

✉1426號

這間火鍋冰淇淋是老品牌了，特色就是將冰淇淋裝在冒乾冰的火鍋器皿中，冰淇淋口味多且特殊，像是泰奶、Red Bull Vodka等，如果想要來點飯後甜品，就吃個冰淇淋吧！

曼谷：BTS席隆線

國立體育館站↓莎拉當站↓鐘那席站↓聖路易斯站、蘇叻沙克站↓沙潘塔克辛站

席隆線
Silom Line

夜市與紅燈區交錯的夜遊鬧區

莎拉當站
Sala Daeng (S2)

蘇叨沙克站 Surasak	聖路易斯站 Saint Louis	鐘那席站 Chong Nonsi	莎拉當站 Sala Daeng	拉差當梅站 Ratchadamri	暹邏站 Siam	國立體育館站 National Stadium
S5	S4	S3	S2	S1	CEN	W1 終點站

← 邦瓦站
Bang Wa(S12)

MRT地鐵
席隆站
Silom

BTS蘇坤蔚
暹邏站
Siam

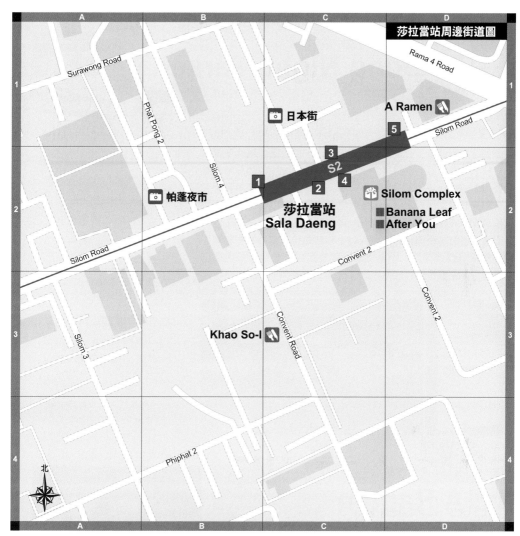

莎拉當站周邊街道圖

日本街

A Ramen

帕蓬夜市

S2

莎拉當站
Sala Daeng

Silom Complex
Banana Leaf
After You

Khao So-I

北

Surawong Road
Rama 4 Road
Silom Road
Phat Pong 2
Silom 4
Silom Road
Convent 2
Convent 2
Convent Road
Silom 3
Phiphat 2

莎拉當站(Sala Daeng)與地鐵MRT的Silom站相近，有空中天橋連接。最為出名的就是帕蓬夜市Patpong Night Market，整個站點周遭也是曼谷的情色聚集區，知名的日本街、陽光男孩街都是情色文化的代表，來這裡開開眼界可以，但是要提防不肖店家的拉客宰客手法。

遊賞去處

觀光客都來這裡逛夜市

Patpong Night Market
帕蓬夜市

MAP P.109／B2

1號出口
步行約5分鐘

DATA

📮4 Silom soi patpong 1, Silom Road, Bang-Rak, Bangkok 🕐18:00～24:00

這個夜市幾乎是曼谷最知名的旅遊夜市，旅行團如果有安排夜市行程，往往都拉到這裡來；這個夜市特色不少，中間擺攤就像是香港的廟街，兩側眾多的GoGo Bar拉你進去看上空鋼管秀，夜市中央有曼谷包專賣店，隔壁街還有知名的同志酒吧街。

由於這個夜市與紅燈區交會在一起，所以環境難免有點亂，一般正常遊客逛逛夜市就好，可別往小巷或是拉客的店家裡亂闖；女孩們最好結伴同行，因為這區入夜有不少站在路邊拉客的小姐，偶爾單身女性也可能被搭訕。

尷尬的是夜市與情色酒吧處在一條街上

David的貼心提醒！

如要購物一定要砍價，我是完全不建議在這裡買任何東西，宰觀光客的情況嚴重，同樣的東西在曼谷有太多地方可以買到。

本區的店家非常亂，絕對不要相信拉客的人，像是乒乓秀、洗澡秀等等，他們拉客時的價格與結帳時絕對不同，而且會以人數優勢威脅，請千萬注意！

1樓的GoGo Bar進去看Show還可以，不要答應上2樓的任何其他服務。

特色美食

泰國版一蘭拉麵，24小時營業

A Ramen

MAP P.109／D1

5號出口
步行約3分鐘

DATA

✉Si Lom, Suriya Wong, Bang Rak, Bangkok (Silom Edge商城內)
📞(082)495-3566 🕐24小時 ➡5號出口方向沿著空橋走到路口下去就是Silom Edge商城

這間A拉麵位在Silom Edge商城內，這裡好吃好喝的選擇不少，樓下還有平民美食街。而A拉麵有泰國版一蘭拉麵之稱，整個環境與消費流程都跟一蘭相似，還真有一秒到日本的感覺。拉麵的麵條軟硬、叉燒肉肥瘦、湯頭濃郁度、辣度與蒜味通通可選，在湯頭上與口味上與一蘭還真有幾分相似，基本上料好實在，讓你吃飽飽沒有問題！最關鍵的是價格很划算，有機會來到曼谷就試試看吧！喔，對了，曼谷所有的A拉麵都是24小時營業的喔！半夜肚子餓也可以來吃。

🔳完全複製一蘭的座位形式 🔳料好實在關鍵價格不貴

號稱是空姐最愛的蕉葉餐廳

Banana Leaf

MAP P.109 / C2
4號出口
步行約1分鐘

DATA

✉Silom Complex商城4樓 ☎(02)231-3124 ⏰11:00～22:00
💲平均消費：350泰銖 ➡4號出口下來就是Silom Complex商城

在Silom Complex商城內，是一家頗富盛名的泰式料理店，聽說過去許多的空姐空少停留曼谷期間都會跑來Banana Leaf用餐。雖然同樣是泰式料理，但卻有一些不同之處，像是招牌的美乃滋炸雞，用美乃滋搭配熱呼呼的炸雞，入口會有雙重口感，或是咖哩蟹肉，事先去殼後僅以蟹肉下去炒，上桌可以直接撈了就吃，再加上餐後再來客冰淇淋甜品，非常舒適的一餐唷！

1相當出名的美乃滋炸雞 2這道檳榔葉包肉末也很推薦

來自清邁的知名麵食餐廳

Khao So-I

MAP P.109 / C3
2號出口
步行約5分鐘

DATA

✉14/2-3 Convent Rd, Silom, Bang Rak, Bangkok ☎(02)714 2112
⏰10:00～21:00 ➡2號出口左轉下來右後回轉，第一條馬路左轉進入，步行3分鐘

Khao Soi是一種泰北小吃，用椰子奶與咖哩去製作湯底，搭配雞蛋麵，佐料有牛肉、豬肉、雞腿等多種口味。這裡比較特別的是除了傳統湯麵版本之外，還有乾麵的形式，都一樣香濃美味，此外，這裡的霜淇淋也超好吃。

1餐廳外觀是泰北建築形式 2乾麵版本的Khao Soi比較少見 3抹茶牛奶霜淇淋

曼谷必食蜜糖吐司

After You

MAP P.109 / C2
4號出口
步行約1分鐘

DATA

✉Silom Complex商城2樓 ☎(02)231-3255 ⏰10:00～22:00
💲平均消費：200泰銖 ➡Sala Daeng站4號出口通道直接連通

說到After You真可以說是曼谷年輕人最愛的甜品店了！從2007年第一家開幕之後，他們家的甜品快速地在年輕學生族群中受到追捧，每到假日或放學，店裡就坐滿了年輕人，而桌上也一定出現招牌的「蜜糖吐司」！位在Silom Complex商城內，有興趣的遊客千萬不要忘記來朝聖一番！

1最最招牌的蜜糖土司 2層次分明的法式千層蛋糕

席隆線
Silom Line

曼谷新地標King Power Mahanakhon所在地

鐘那席站
Chong Nonsi (S3)

沙潘塔克辛站
Saphan Taksin

蘇叻沙克站
Surasak

聖路易斯站
Saint Louis

鐘那席站
Chong Nonsi

莎拉當站
Sala Daeng

拉差當梅站
Ratchadamri

暹邏站
Siam

S6	S5	S4	S3	S2	S1	CEN

BTS蘇坤蔚
暹邏站 Siam

← 邦瓦站
Bang Wa(S12)

MRT地鐵
席隆站
Silom

國立體育館站
National Stadium(W1) →

鐘那席站周邊街道圖

Silom Road
Soi Silom 5
Silom 7 Alley
Silom Soi 7
Soi Silom 5
Soi Silom 3
Convent Rd
Soi Naradhiwas Rajanagarindra 3
Soi Phiphat 2
Soi Sathon 8
Silom 6

3
4
S3
2
1
5

Mahanakhon SkyWalk

鐘那席站 Chong Nonsi

ICI Mahanakhon

The Standard, Bangkok Mahanakhon

Sathon Nuea Road
Sathon Tai Road

W Bangkok Hotel

Plu

Naradhiwas Rajanagarindra Road
Sathon 7 Alley, Lane 1
Soi Phra Phinit

北

鐘那席站因為曼谷第一高樓King Power Mahanakhon的開幕而成為新興的旅遊必訪站點，本站除了可以近距離觀賞造型奇特的地標大廈外，還能登上景觀樓層欣賞曼谷美景。同時知名的W Hotel、The Standard Hotel也在本站，喜愛設計感的小資女生不可錯過！

遊賞去處

全曼谷第一高樓開放360度戶外景觀台

Mahanakhon SkyWalk

DATA

MAP P.113 / B2

3號出口
出站即達

http kingpowermahanakhon.co.th ✉MahaNakhon, 114 Narathi-was Rd. Bangkok ☎(662)677 8721 ⏰景觀台開放時間：10:00～24:00 💲參觀74層：850泰銖，74層＋78層樓頂：1050泰銖 ℹ優惠訂票掃碼預訂

King Power Mahanakhon以曼谷第一高度與非常突兀的造型打響知名度，樓高78層樓，高達314公尺，不論從曼谷的那個位置都有機會看到它，這是由德國新銳建築師Ole Scheeren設計，花費5年耗資180億泰銖打造完成，看似數位幾何的堆疊，卻又有著殘缺的缺角造型，一度令人以為他是不是蓋壞了？如此特殊的風格設計，讓它從建設以來就話題不斷！

目前遊客可以登頂參觀，首先搭乘高速電梯以50秒的時間直奔74樓，過程中會有多媒體展示。位在74層是個360度全景觀景台，你可以從高空欣賞曼谷的城市景致。

膽子大的遊客建議購買含78層露天景觀台的門票，完全露天的環境，讓你呼吸到曼谷最高的空氣！接下來就是考驗膽識的時刻，體驗全透明空中玻璃步道，往下望見的是離地310公尺的距離，這絕對讓你心臟蹦蹦跳！

不想登樓的遊客也可以在前棟的MahaNakhon Cube體驗美食，這裡有美食街、手標紅茶、ICI甜品店等。

1 78樓頂360度露天的高台 2 電梯內有多媒體的內容呈現 3 這個透明平台實在太恐怖，David其實腿都軟了
(圖片1、2提供 / Mahanakhon SkyWalk)

David的貼心提醒！

● 建議傍晚時間前來，才能同時欣賞此地日間與夜間的美景。

● 78樓透明平台不能攜帶任何物品上去，拍照需由朋友（或工作人員）站在外邊幫你拍。

特色美食

頂級米其林甜品進駐

ICI Mahanakhon

MAP P.113 / C2

4號出口
步行約3分鐘

DATA

✉98, 107 Naradhiwas Rajanagarindra Rd, Silom, Bang Rak, Bangkok ☎(02)677-8721 ➡平均消費：500泰銖

　　這間甜品店實在厲害！各種的厲害！它是米其林餐廳指定甜品，主廚Arisara Chongphanitkul是米其林一星餐廳「Saawaan」甜品主廚，本店在阿索克站(Asok)深深的巷子內，現在來到這裡開設分店，享用更方便了！

　　這裡的甜品都超高顏值，而且好吃不膩，充分展現出星級主廚的功力。兩套鎮店之寶，分別是在米其林Gala Menu曼谷與新加坡呈現的「海星Starfish」與「辣椒蟹Chilli Crab」，兩組都需要提前預約才能吃到，價格450泰銖，各自有著不可思議的味覺創意，請親自來試試。預算有限的遊客也可以點小甜品，讓你在參觀第一高樓前後還能有個舒適的下午茶時分，絕對是完美的行程安排。

1店面就在Mahanakhon Eatery的G樓層 2兩套鎮店之寶都是超擬真的甜品喔 3可愛到不忍心吃的甜品 (照片提供 / ICI)

特色美食

融合菜系之米其林推薦泰式料理

Plu

MAP P.113 / D3

5號出口
步行約10分鐘

DATA

✉3 Soi Prapinit, Suan Plu Road Thungmahamek, Sathorn, Bangkok ☎(062)642-2222 ⏰11:30～22:30 💲平均費用：600泰銖 ➡ChongNonsi往南方向空中步道走到底左邊的天橋下，繼續往南到Soi 7左轉走8分鐘

　　獨棟花園的環境，室內的牆體都是葉子的圖案，因為Plu這個字就是泰文「大葉」的意思。兩個重點，第一是價格，出乎意外的合理！看到菜單，每道菜約200～350泰銖，算是相當親民的價格，第二個重點則是Menu提供照片，這樣對於看外文菜單有困難的遊客也可以很輕鬆的看圖點菜了！

　　這間有著米其林必比登推薦的餐廳，在如此幽雅的獨棟花園洋房內，價格卻如此親民，光是這一點就值得來試試了！至於在料理表現上，印象深刻的部分是：你吃到的不會是單純傳統泰式料理，反而有機會能感受到不同地區的料理結合，帶有一些「Fusion」的融合式手法，給人許多的驚喜感。

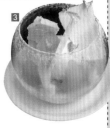

1煙燻鴨胸吃起來很有宜蘭鴨賞的感覺 2泰南的特色菜：臭豆蝦粉絲 3高顏值的甜品也不要錯過

曼谷：BTS席隆線

國立體育館站↓莎拉當站↓鐘那席站↓聖路易斯站、蘇叨沙克站↓沙潘塔克辛站

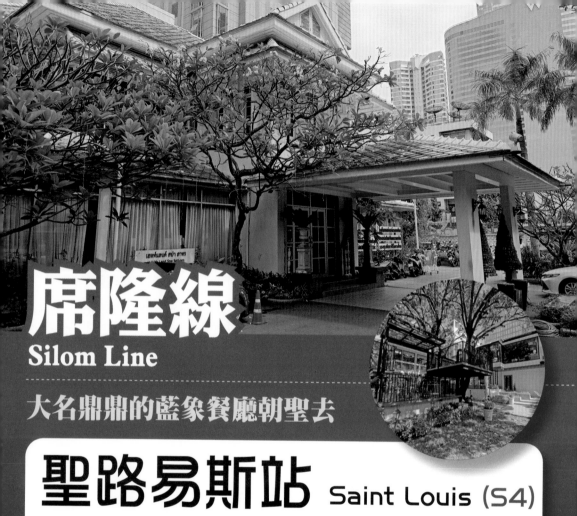

席隆線
Silom Line

大名鼎鼎的藍象餐廳朝聖去

聖路易斯站 Saint Louis (S4)
蘇叨沙克站 Surasak (S5)

科魯松布里站 Krung Thon Buri	沙潘塔克辛站 Saphan Taksin	蘇叨沙克站 Surasak	聖路易斯站 Saint Louis	鐘那席站 Chong Nonsi	莎拉當站 Sala Daeng	拉差當梅站 Ratchadamri
S7	S6	S5	S4	S3	S2	S1

← 邦瓦站
Bang Wa
(S12)

MRT地鐵
席隆站
Silom

國立體育館站 →
National
Stadium
(W1)

聖路易斯站、蘇叻沙克站周邊街道圖

Maison Dunand and Alpea Restaurant

Health Land Sathon

聖路易斯站
Saint Louis

S4

瓦力機器人
大廈

Baan Somtum

蘇叻沙克站
Surasak

S5

Eastin Grand
Hotel Sathorn

Blue Elephant
Restaurant
藍象餐廳

北

Silom Road

Pan Road

Pramuan Road

Si Wiang Road

Surasak Road

Sathon Road

Sathon Road

Sathon Soi 12

Sathon Soi 10

Soi Sathon 9

Sathon 13

Sathon 11

Sathon 15 Alley

Charoen Rat Road

來到蘇叻沙克站(Surasak)最主要就是
為了知名的藍象餐廳，在百年建築
內品嘗高級廚藝的美食，絕對是特別的回
憶。而聖路易斯站(Saint Louis)則有一座長
得像是瓦力機器人的大廈，同時一出站就
有一間Health Land按摩店喔！

特色美食

曼谷知名廚藝學校所屬餐廳

Blue Elephant Restaurant
藍象餐廳

MAP P.117／D4
S5站4號出口
步行約1分鐘

DATA

www.blueelephant.com/bangkok(可線上訂位) ✉233 South Sathorn Rd., Kwaeng Yannawa, Khet Sathorn, Bangkok ☎(02)673-9353 ⏰午餐11:30～14:30，晚餐18:30～22:30 💲平均消費：1,500泰銖

成立於1980年的藍象餐廳，大廚Mrs. Khun Nooror Somany Steppe是被HAPA (Hospitality Asia Platinum Awards)選為「亞洲最具創意大廚」之一的名人，擁有遊歷世界各國的經歷，將傳統泰式料理發揚光大之外，還融合各國特色的創意料理，目前在杜拜、倫敦和巴黎等城市都有藍象的分店。

出了捷運站就能見到獨棟的百年建築，這就是曼谷藍象餐廳的所在地，整個環境布置上也充滿了泰式風情，而餐具部分的金屬質感與藍象標誌，都帶給人一種尊貴的感覺，越加期待他們的美食！美食上桌，濃郁且具有傳統泰式風格的食物，搭配上精緻擺盤與器皿，讓心情一整個大好。藍象更出名的是廚藝學校，來自許多國家的遊客指定來此學習，半天課程的價格是2,800泰銖。

1內部環境很有意境 **2**藍象餐廳本身是百年建築 **3**套餐可以品嘗到多種泰式經典料理 **4**餐後的冰淇淋點心

特色美食

米其林推薦涼拌青木瓜專門店
Baan Somtum

MAP P.117 / D2
S5站3號出口
步行約4分鐘

DATA

✉9/1 Pramuan Rd, Silom, Bang Rak, Bangkok ☎(02)630-3486 ⏰11:30～22:00 💲平均費用：500泰銖 ➡Surasak站3號出口出站，第一條巷子左轉直行2分鐘後再左轉2分鐘

這間餐廳不但連續多年獲得米其林推薦，台灣的電視節目也來採訪過。Somtum是泰文的涼拌青木瓜，而Baan是家的意思，從店名就可以看出來它們家招牌就是泰式的涼拌青木瓜，種類達30種以上，絕對讓愛好此味的饕客滿意！David推薦大家試試來自寮國(LAO)的柚子沙拉，甜甜的柚肉與鹹鹹的醬汁超搭！炸物部分推薦各種類型炸魚及炸雞翅，再來一碗泰式酸辣湯，大大滿足之外，價格也不貴喔！

1來自寮國的柚子沙拉 2辣椰肉鮮蝦沙拉

特色美食

米其林一星主廚帶來法式美味
Maison Dunand and Alpea Restaurant

MAP P.117 / D1
S4站3號出口
步行約6分鐘

DATA

🌐maisondunand.com(可線上預約、查看菜單) ✉55 Soi Sueksa Witthaya, Silom, Bang Rak, Bangkok ☎(065)639-0515 ⏰12:00～14:30、17:30～22:00(週二、三休息) 💲平均消費：6,000泰銖 ➡Saint Louis站3號出口出站，第一條巷子左轉直行6分鐘

這間餐廳的主廚Arnaud Dunand原來打理曼谷東方文華的米其林二星餐廳，現在以自己的名號開店，才開幕沒多久就拿下米其林一星推薦！整個庭院式的環境，搭配上落地窗，營造出阿爾卑斯山下的木屋場景，主廚結合自己的烹飪基礎和理念，同時融合了他的童年記憶和全球美食之旅，打造出有個性且味覺豐富的饗宴！整個用餐過程超過2小時，一套套精采美味依序上桌，不論視覺味覺都如同大秀般亮眼，晚餐價格5,000泰銖以上。

預算有限的饕客也不用擔心，其實這個庭院式的空間內含兩間餐廳，分別是Masion Dunand與Alpea。其中Masion Dunand走Fine Dining價格較高，Alpea則可以點單品菜肴，價位親民些，有興趣記得先在官網訂位、查看價格與菜單。

1充滿質感的庭園式環境 2主廚Arnaud Dunand親自監督打理
3前菜點心就美的心花怒放 4味覺層次豐富的魚料理

David的貼心提醒！

午餐最划算

Masion Dunand最划算的吃法就是中午時段，4道菜色2,600泰銖，是用半價摘星的好辦法！此外，這裡有服裝規定，請穿著得體。

席隆線
Silom Line

昭批耶河遊船的中心起點

沙潘塔克辛站
Saphan Taksin (S6)

普尼密站
Pho Nimit
S9

翁懷亞站
Wongwian Yai
S8

科魯松布里站
Krung Thon Buri
S7

沙潘塔克辛站
Saphan Taksin
S6

蘇叨沙克站
Surasak
S5

聖路易斯站
Saint Louis
S4

鐘那席站
Chong Nonsi
S3

← 邦瓦站
Bang Wa(S12)

國立體育館站 →
National Stadium(W1)

沙潘塔克辛站周邊街道圖

Jao Long魚丸粿條／
灶龍魚丸

Soi Charoen Krung 44

Baan Phadthai

Charoen Krung Road

Si Wiang

Sky Bar

王子戲院豬肉粥

Charun Wiang Road

Si Wiang

Soi Charoen Krung 46

Gelato Finale

Charat Wiang Road

仁和園涼茶／
茂和涼茶

Charun Wiang Road

石龍軍路

沙潘塔克辛站
Saphan Taksin

中央碼頭
(Sathorn Pier)

S9

N Sathon Road

Sathon Tai Road

Sathon 21

Sathon 21 Alley

Charoen Krung Road

Soi Charoen Krung 51

Charoen Krung 53 Alley

Trok Ban Baep

北

龍船寺

本站的主要功能就是銜接昭批耶河遊船，由2號口出站前行就能到達中央碼頭(Sathorn Pier)，這裡也同時可以搭乘前往Asiatique夜市或IconSiam百貨的接駁船，昭批耶河攻略請參考P.152。

然後，這裡也是曼谷老城區，沿著石龍軍路這一帶，到了晚上非常的熱鬧，許多早年華人移民開設的小吃店鋪、大排檔、夜市，好逛價格又便宜喔！

站在月台上還能見到一棟白色廢棄的大樓，結構工程都已經完成，卻因為遭遇金融風暴的影響無力繼續建設，反倒形成了本站的一個地標呢！

１廢棄大樓成了本站地標 ２由2號出口前往中央碼頭，開始遊河之旅

121

徒步老城區感受曼谷魅力　MAP P.121 / B2　3號出口出站即達

遊賞去處

石龍軍路漫步

DATA

→ 3號出口出站，前方馬路左轉開啟漫步之旅

　　這一條老街道可熱鬧了！雖然馬路塞得要命，人行道又小，但卻滿滿都是有歷史的小吃，連CNN都特別來報導過！在Robinson百貨四周，有許多的大排檔攤位，吃海鮮喝啤酒很愜意！然後夜市擺攤的價位也很Local，看到喜歡的就出手吧！

　　沿著馬路走，路上的茂和與仁和園涼茶舖、Jao Long魚丸粿條、灶龍魚丸(港星周潤發都跑來吃)、王子戲院豬肉粥等等，都是價格合理、美味無限的選擇。David常常一路吃，然後在附近理髮店剪個頭(才100泰銖)，最後逛到曼谷最知名的空中酒吧Sirocco & Sky Bar喝杯小酒，美好的夜晚！

1這裡的Local夜市價位更親民 **2**附近的大排檔也是當地居民的最愛 **3**剪髮只要100泰銖喔

米其林必比登推薦街頭美食　MAP P.121 / C1　3號出口步行約5分鐘

特色美食

王子戲院豬肉粥

DATA

✉ 1391 Charoen Krung Rd, Silom, Bang Rak, Bangkok ☎ (089)795-2629 ⏰ 06:00～12:00、16:00～20:00 💲 平均消費：60泰銖 → 3號出口出站，前方馬路左轉步行5分鐘

　　這間豬肉粥店，本來是在王子戲院旁邊的巷子口擺攤，因為口味實在太棒了，大排長龍，甚至連CNN都來採訪，更獲得米其林必比登的推薦，於是現在有了自己的店面。

　　他的粥熬煮到湯體濃稠，完全看不到完整的米粒，可以說是煲粥的最高境界，年邁的老闆娘親自熬煮盛裝，你可以選擇豬肉豬雜粥，配上加蛋、皮蛋的組合，最後加上薑絲、蔥花就上桌啦！熱騰騰的粥中有著濃郁的豬肉香氣，鹹度適中且滑順，真的讓你大為驚豔，一碗不夠，再來一碗！

　　有興趣來品嘗的遊客要注意營業的時間喔，下午時段沒有營業。

1老太太仔細的翻攪粥體 **2**用餐時間座無虛席的當地民眾 **3**香濃有料的好粥，回味無窮

特色美食

在地都愛的手工冰淇淋

MAP P.121 / B1

3號出口
步行約5分鐘

Gelato Finale

DATA

📧 20-26 Charoenkrung 46 Bangrak, Bangkok 📞 (099)356-2291
🕐 09:30～21:30 🚫 週一 💲 平均消費：60泰銖 ➡ 3號出口出站，
前方馬路左轉步行5分鐘

Gelato是義大利文的冰淇淋，與美式冰淇淋不同點在於，Gelato的空氣與脂肪含量都遠低於美式冰品，因此更加的香濃滑順，當然也更健康自然囉！

這間位在Robinson商城旁巷子內的冰淇淋店，有著純手工精心製作的義式冰淇淋，看到冰櫃內滿滿的口味，真不知道該如何選擇！不過沒關係，店家會友善提供你試吃，一球70泰銖，你也可以選擇搭配鬆餅或多球更實惠。環境上則是布置成義大利街道的感覺，搭配時尚可愛的絨毛玩具，要拍網美照也沒問題。

冰淇淋吃一口就覺得與眾不同，水果的香甜融入了冰淇淋中，濃郁又滑順沁人心扉，在炎熱的曼谷來上一客，真是莫大的滿足啊！

1 如同義大利街頭般的環境 2 有超多口味可以選擇 3 又大又扎實的冰淇淋

特色美食

米其林必比登推薦之泰式炒粿條

MAP P.121 / B1

3號出口
步行約7分鐘

Baan Phadthai

DATA

📧 21-23 Soi Charoen Krung 44, North Sathorn, Bangkok 📞 (02)2060-5553 🕐 11:00～22:00 💲 平均消費：300泰銖 ➡ 3號出口出站，前方馬路左轉步行5分鐘，44巷再左轉走2分鐘

這一間帶著復古環境設計的餐廳，主要賣的就是Pad Thai (泰式炒粿條)，有蔬菜、豬肉、烤雞、大蝦、螃蟹等選擇，價位在160～280泰銖之間，說起來比一般街頭的版本要貴上些，但是環境上很有意境，加上米其林必比登的推薦，吸引不少饕客來享用。

除了Pad Thai之外，也有一些泰式的點心，如：芒果糯米、摩摩喳喳等，人數少的話建議一份Pad Thai配飲料就好，畢竟周邊小吃還很多。人數較多可以點份Mieng Kana，這是泰國傳統的包葉開胃菜，清爽好吃，還有自己動手包的樂趣。

1 復古的環境很有味道 (圖片提供：BAAN Phadthai) 2 這裡的Pad Thai搭配很大的蝦子 3 Mieng Kana體驗自己包料吃

MRT 線
MRT Line

吃海鮮大餐逛夜市

惠恭王站
Huai Khwang (BL18)

樂抛站
Lat Phrao

拉差當碧沙站
Ratchadaphisek

蘇迪讚站
Suthisan

惠恭王站
Huai Khwang

泰國文化中心站
Thailand Cultural Center

帕藍9站
Phra Ram 9

碧差汶里站
Phetchaburi

 BL15   BL16   BL17   BL18   BL19   BL20 BL21

← 他帕站
Tha Phra (BL01)

朗頌站 →
Lak Song (BL38)

機場快線
馬卡森站 Makkasan

惠恭王站周邊街道圖

Pracha Songkhro Rd.

4
1

路邊象神 📷

匯皇夜市 📷

BL18

惠恭王站
Huai Khwang

3
2

建興酒家 🍴

泰國浴一條街 📷

Ratchadaphisek Rd.

北

🍴 光海鮮
↓

惠恭王站一般旅遊書較少介紹，它沒有
特別突出的景點，卻有曼谷當地居民
信仰的路邊象神、匯皇夜市，及知名的建
興酒家與光海鮮都在本站，當然啦，這裡
也是知名的「泰國浴」街，從地鐵出口往
南一路上整排的泰國浴場，霓虹燈閃耀。
惠恭王站花一個晚上前來吃吃海鮮(建興或
光海鮮)、象神廟拜拜、逛逛夜市是不錯的
體驗！

匯皇夜市

DATA

✉Prachasongkroa Rd., Dindaeng, Bangkok ⏱18:00〜02:00 ➡3號出口出站往後回轉，馬路處左轉

　　沿著象神廟往西走，這一整條馬路是個超長夜市，與一般夜市不同，這是個很Local的夜市，不會遇到太多遊客，反而多是當地民眾；賣的東西多以女性服飾和食物為主，而且整個夜市開到很晚，接近凌晨3點。可以注意一下，逛這個夜市的以女性為主，而且正妹多多！似乎是因為這站的租金價格合理，住在本站通勤的女學生與上班族也特別多。

　　過了午夜之後更熱鬧，旁邊的泰國浴場關門，這些小姐們都習慣來這裡吃個宵夜再回家。我為什麼知道這麼多？因為我Long Stay期間就住在這裡，路邊攤的東西記得都買來吃吃看，選擇多多！

1 2匯皇夜市以女性購物為主，美甲、服飾、內衣等都有 **3**泰國朋友說這攤的滷豬腳是全曼谷最好吃的

路邊象神

DATA

✉169/69-70 Ratchada Soi 11, Ratchadapisek Road, Dindaeng, Bangkok ⏱24小時 ➡4號出口出站往後回轉，步行1分鐘就到

　　象神Ganesha是濕婆神(Shiva)與雪山女神(Parvati)之子。在印度，人們進行任何活動前均先禮拜象頭神迦尼薩，因為他是創生和破除障礙之神，有許多求財運、事業的人也都會向象神祈願，據說非常靈驗喔！這個位在路口的象神廟香火鼎盛，這區塊與四面佛一樣，晚上常常擠滿了人，不同的是，四面佛多是東方遊客面孔，象神則深受當地居民崇敬，許多做生意、求財的人也都會來此祈求。

　　拜象神的方式很特別，購買香燭之外還會附上一杯牛奶與一杯紅色的糖水，這也是用來供奉象神用的，在完成點香參拜、敬獻供品之後，有意思的部分來了，你可以注意到象神身旁有一隻大耳朵老鼠，這時候你要用手摀住在老鼠的耳朵旁說「悄悄話」，因為這老鼠傳說是象神的座騎，也負責傳達祈願者的願望，所以會看到許多泰國人排隊跟老鼠說他希望請象神幫忙的願望呢！

　　此處也有一尊四面佛，同時這裡也販售許多護身符、佛牌等東西。

1David本身也是象神的信眾喔 **2**拜象神要準備紅色飲料、牛奶、香、花 **3**記得偷偷地把願望說給老鼠聽

指名度第一的海鮮店

建興酒家

特色美食

MAP P.125 / B2
3號出口
步行約1分鐘

DATA

http://www.somboonseafood.com(可線上訂位) ✉ 167/9-12 Huai Kwang intersection, Ratchapisek Rd., Dindeang, Bangkok ☎(02)692-6850 ◷16:00～23:00 💲平均消費：800泰銖

建興酒家大概是全曼谷最受亞洲遊客青睞的海鮮店了！幾乎所有旅遊書都會介紹，好吃到連日本首相小泉純一郎都來此用過餐，他們在曼谷有8家分店(請參考網站)，推薦這一家是因為位在地鐵出口不需找尋，安排一個晚上剛好把本站特色一次逛完！

菜單附有照片，所以不用擔心不會點，唯一要特別注意的是一定要先訂位，以免吃不到！非吃不可的招牌，有咖哩炒蟹、烤大頭蝦、蝦球、炸黃魚等等。特別是這個咖哩炒蟹，整個新鮮大沙公下去料理，咖哩與蛋汁融合的美味超級下飯！

1招牌必點：咖哩炒蟹 **2**中式的鮮蝦料理也有 **3**天天直送的新鮮大螃蟹

David的貼心提醒！

小心假建興！

建興酒家已經紅到有「山寨版」，許多計程車與嘟嘟車司機會載客人去假店，請務必確認。

海鮮店家新選擇

光海鮮

特色美食

MAP P.125 / B4
2號出口
步行約15分鐘

DATA

✉Soi 10, Ratchadapisek Rd., Bangkok ☎(02)275-3636 ◷11:00～03:00 💲平均消費：600泰銖 ➡2號出口出站，左轉直行15分鐘左右(會經過兩座天橋，在第二個天橋底下)

除了知名的建興酒家外，其實還有另外一個後起之秀「光海鮮」。它的美味也完全不輸建興呢！我們從它當初還是路邊搭棚吃起，到現在擁有獨立一整棟樓，見證了因為美味好吃而逐漸成名的過程。

其實撇開名氣不談，光海鮮的多道料理反而是我們比較鍾愛的喔，像是蟹肉炒飯、金錢蝦餅、檸檬鱸魚都是每回必點！他們當然也有咖哩炒蟹及烤大頭蝦，口味同樣不輸建興，價格比起建興要便宜一些，算是更划算的選擇之一！

1從搭棚到擁有一棟樓的光海鮮 **2**肥美豐厚的烤大頭蝦

MRT 線
MRT Line

逛夜市吃宵夜，24小時餐廳推薦

泰國文化中心站
Thailand Cultural Centre (BL19)

拉差當碧沙站
Ratchadaphisek
BL 16

蘇迪參站
Suthisan
BL 17

蕙恭王站
Huai Khwang
BL 18

泰國文化中心站
Thailand Cultural Centre
BL 19

帕藍9站
Phra Ram 9
BL 20

碧差汶里站
Phetchaburi
BL 21

蘇坤蔚站
Sukhumvit
BL 22

← 他帕站
Tha Phra (BL01)

朗頌站 →
Lak Song (BL38)

機場快線
馬卡森站 Makkasan

蘇坤蔚線
阿索克站 Asok

泰國文化中心站周邊街道圖

THE STREET
A Ramen
Took Lae Dee

The One Ratchada

Ratchadaphisek Rd.

4　1

BL19

3
2

泰國文化中心站
Thailand Cultural Centre

北

遊賞去處

24小時營業商城

MAP P.129

THE STREET

4號出口
步行約5分鐘

DATA

139 Ratchadaphisek Rd, Din Daeng, Bangkok
(02)232-1999　11:00～22:00 (部分餐廳24小時)

　The Street過去主打24小時開放，讓夜貓子晚上都能有地方去！目前仍有部分餐廳24小時提供服務喔！直接推薦兩間給愛吃宵夜的夜貓子：Took Lae Dee是Food Land超市的附帶餐廳，大大的開放式廚房，提供的料理可不少！從西式的牛排、三明治、沙拉，泰式的料理，中式的炒飯、甜品、飲料通通有！特別推薦這裡的炒飯，很有一試的水準。另外在這個商城內也有泰國版一蘭拉麵之稱的「A Ramen」，兩間都是24小時營業，隨時來都有東西可吃！

11 24小時營業的商城 2 24小時營業的A拉麵 3 大推Food Land的炒飯

遊賞去處

火車夜市捲土重來，改名再戰

The One Ratchada

MAP P.129

3號出口
步行約5分鐘

DATA

Esplanade百貨後方廣場　16:00～00:00　3號出口出站左轉走約15公尺，Esplanade商城前車道左轉進入

　這個位置曾經是曼谷最夯的火車夜市，可惜因為疫情而關閉，現在它重整旗鼓更名後重新開幕！由於當時網紅攤位都跑到喬德夜市了，現在引進多是新的攤位，比較特別的是有不少台灣口味攤位，同時有整排的LIVE BAND夜店，人潮也比較不擁擠，相對乾淨好逛。

1 全新出發的火車夜市 2 一整排現場演出的夜店 3 Holy Shrimp的手抓蝦的手抓蝦可以品嚐看看

MRT線
MRT Line

新興夜市點燃本站流量

帕藍9站
Phra Ram 9

蘇迪參站
Suthisan

惠恭王站
Huai Khwang

泰國文化中心站
Thailand Cultural Centre

帕藍9站
Phra Ram 9

碧差汶里站
Phetchaburi

蘇坤蔚站
Sukhumvit

詩麗吉國際會議中心站
Queen Sirikit National Cov. Center

 BL 17 · · · BL 18 · · · BL 19 · · · BL 20 · · · BL 21 · · · BL 22 · · · BL 23

← 他帕站
Tha Phra (BL01)

機場快線
馬卡森站
Makkasan

蘇坤蔚線
阿索克站
Asok

朗頌站 →
Lak Song
(BL38)

帕藍9站周邊街道圖

- 1 2 Central Rama 9
- Fortune Town
- MRT
- 帕藍9站 Phra Ram 9
- 3 喬德夜市
- Soi 7
- Soi 3
- Rama 9 Road
- Ratchadaphisek Road
- Phet Uthai Road
- 北

本來在泰國文化中心站的火車夜市，疫情後原團隊在本站重新打造了喬德夜市，立刻讓本站流量大增，目前已經成為曼谷遊客最多的夜市！

原火車夜市班底

喬德夜市

遊賞去處

MAP P.131／B1
3號出口搭
步行約6分鐘

DATA

Phra Ram 9站後方空地 ☎(092)713-5599 ⏰16:00～00:00 ➡3號出口左後迴轉，路口再左轉步行3分鐘

曾經曼谷最夯的火車夜市不敵疫情的影響而歇業，原團隊現在成立了全新的「喬德夜市」(Jodd Fairs)，原來知名的火山爆發排骨、水果西施也都在這裡重啟爐灶，超過600個攤位的喬德夜市，立刻成為遊客新寵，榮登必逛夜市No.1！這裡不但有許多美食攤位，更有許多充滿文青風的商品、服飾、包包、紀念品可以選購，另外這裡闢出了露天的用餐區，必須點指定攤位的飲料才能入座，然後因為場地較小，人潮比較擁擠，請留意隨身財物。

泰國版光華商場

購物血拼

Fortune Town

MAP P.131
4號出口
步行約1分鐘

DATA

✉7 Ratchadaphisek Rd, Din Daeng, Bangkok
☎(02)248-5855 ⏰10:00～20:00 ➡1號出口出站即達

一般遊客來到帕藍9站，都是直奔新的喬德夜市，或是與地鐵相通的Central Phra Ram 9百貨。殊不知，其實馬路另一頭有個「Fortune Town」，是超巨大版的光華商場！不論是手機、電腦、相機，主機、配件通通找得到，3C控可以來晃晃！

然後，在這商場內也有大量美食餐廳、美食街，地下樓層更有一區都是按摩店，大概是競爭太激烈，腳底按摩從200、190、180……直直降到160！價格超競爭，如果想要撿便宜按摩來這裡就對了！

1這裡的3C商店數量龐大 2地下樓層有許多高CP值按摩店

 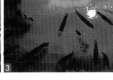

1超多美食攤位可以品嘗 2知名水果西施也在這裡設攤 3今年最夯的生吃烏賊你趕挑戰看看嗎？

← 髒船碼頭由此進入
(P.170)

MRT 線
MRT Line

機場快線交會轉運站

碧差汶里站 (BL21)
Phetchaburi
蘇坤蔚站 (BL22)
Sukhumvit

惠恭王站
Huai Khwang

泰國文化中心站
Thailand Cultural Centre

帕藍9站
Phra Ram 9

碧差汶里站
Phetchaburi

蘇坤蔚站
Sukhumvit

詩麗吉國際會議中心站
Queen Sirikit National
Cov. Center

克隆托伊站
Khlong Toei

| BL 18 | BL 19 | BL 20 | BL 21 | BL 22 | BL 23 | BL 24 |

← 他帕站
Tha Phra (BL01)

機場快線
馬卡森站
Makkasan

蘇坤蔚線
阿索克站
Asok

朗頌站 →
Lak Song (BL38)

碧差汶里站

本站沒有景點，但是具有一定程度的交通意義：機場快線的馬卡森站(Makkasan)步行到本站僅5分鐘，可以多多利用此轉乘方式前往旅館。

本站與空盛桑運河的Asok Pier步行僅1分鐘，也是該運河唯一與地鐵交會的一站。2號出口出站往右後迴轉，看到一座橋，從橋下右側進入即可看到碼頭。

蘇坤蔚站

本站與BTS空鐵阿索克站(Asok)相連，可以說是遊客在BTS與MTS系統之間轉換最頻繁使用的一站，加上周邊有超好逛的Terminal 21商城與許多的SPA按摩店、美食餐廳，是絕對不可錯過的一站！Asok站相關介紹請參考P.80。

碧差汶里站周邊街道圖

Asoke Montri Road

3
1
BL21
碧差汶里站
Phetchaburi
New Phetchaburi Road

2
美蓮秀 📷→

ASOK碼頭

北

空盛桑運河

Asoke Montri Road

曼谷新興受歡迎人妖秀

美蓮秀

休閒娛樂

DATA

MAP P.133
1號出口
搭乘專車

✉31 6 Soi Phetchaburi 47,Huai Khwang, Bangkok ☎(063)9833 367 ⏰15:00、16:15、17:30、19:30 🚇Petchaburi站1號出口，18:00、19:00有車接送。回程20:40、21:30在RCA Plaza搭乘

美蓮秀是曼谷最新推出的人妖演出，內容豐富、聲光俱佳，配合遊客的喜好演出，有日式、韓式、中式、美式，甚至印度、埃及等表演內容，身材姣好的演出人員賣力表演，搭配華麗的服飾與多媒體聲光的加持，整場演出相當緊湊令人目不暇給！由於演出地點沒有地鐵可達，因此在碧差汶里站(Phetchaburi Station) 1號出口提供專車接送服務，19:00是針對一般遊客，其他時段以團客為主。透過線上預訂會划算很多喔！

1 2 美蓮秀是曼谷精采的人妖演出

MRT 線
MRT Line

朱拉隆功大學旁文風勝

山燕站
Sam Yan (BL27)

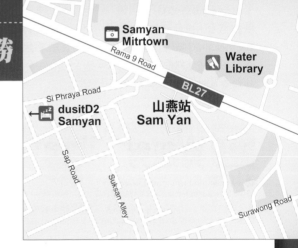

Rama 9 Road
Si Phraya Road
Sap Road
Suksan Alley
Surawong Road

Samyan Mitrtown
Water Library
BL27
dusitD2 Samyan
山燕站 Sam Yan

 克隆托伊站
Khlong Toei

 倫披尼站
Lumphini

席隆站
Silom

山燕站
Sam Yan

華蘭蓬站
Hua Lamphong

龍蓮寺站
Wat Mangkon

山詠站
Sam Yot

 BL 24 ─ **BL 25** ─ **BL 26** ─ **BL 27** ─ **BL 28** ─ **BL 29** ─ **BL 30**

← 他帕站
Tha Phra
(BL01)

席隆線
莎拉當站
Sala Daeng

泰國國家鐵路
華蘭蓬火車站
Hua Lamphong

朗頌站 →
Lak Song
(BL38)

山燕站鄰近泰國最高學府「朱拉隆功大學」，所以周邊特別有書卷氣，大量的24小時閱讀空間，讓學生們可以K書、群組討論。最新開幕的「Mitrtown百貨」，也主打24小時開放，吸引學生族群朝聖。

走過太空隧道才能抵達
Samyan Mitrtown

遊賞去處

MAP P.134
2號出口
步行約1分鐘

■1穿越這段隧道才能抵達 ■2各類小物聚集的文具店 ■3地下美食層有知名的船麵店

DATA

✉944 Rama IV Rd, Wang Mai, Pathum Wan District, Bangkok ☎(02)033-8900 🕐10:00～22:00，24Hours Zone：全天開放 ➡2號出口方向，走地下通道前往

　　山燕站全新開幕的商場，最大的特色就是設計了一段有如太空隧道般的地下通道，不做修飾的圓柱水泥體帶著厚重的工業感，立即成為網美打卡據點，出了地鐵走這條隧道即可直達商城。

　　與一般商城大量知名品牌進駐的情況不同，由於這裡是大學周邊，文青學風氣息濃郁，所以店家都是創意小店、文創小物、文具用品為主。特別推薦位於3樓的「MEDIUM AND MORE」，這裡可以挖到許多創意小物。然後你可以在這裡見到最多的曼谷大學生，或逛街或討論課業，比較看看與台灣大學生之間的差異吧！

收集世界水資源的美食殿堂
Water Library Chamchuri

特色美食

MAP P.134
2號出口
出站即達

DATA

🌐www.waterlibrary.com ✉Chamchuri Square, 2nd floor, Phaya Thai Road, Pathum Wan, Bangkok ☎(02)160-5188 🕐11:30～14:30，18:00～20:00 💲人均消費：3,500泰銖 ➡2號出口方向，上電扶梯進入Chamchuri Square 2樓，位置偏角落需找尋一下

　　成立於2009年，是泰國最早的高級餐廳(Fine Dinning)之一，起初因為創辦人希望將歐陸的美食呈現給泰國顧客而成立，在第一代主廚的精心料理下，大獲好評，也造就了一批死忠的顧客，即使新主廚上任，也不敢擅改Menu，因為太多老顧客指定的味道必須保留！

　　這裡另外有趣的一點是收集了來自全世界各地的礦泉水，滿滿的一整櫃，不愧具備水圖書館的名稱。基本上有兩種套餐形式：Classic Tasting Menu、Seasonal Tasting Menu，價格在3,000泰銖左右。如果你來到這裡，想品嘗留住眾多老顧客的味道就選Classic套餐，想要品味新主廚的創意就選擇Seasonal套餐。

■1如同水的圖書館一般的環境 ■2智利海鱸魚香煎，搭配柚子醬油 ■3Cold Pasta結合松露、鮑魚，以冷麵形式上桌

MRT 線
MRT Line

轉乘火車的重要交通站

華蘭蓬站 (BL28)
Hua Lamphong
龍蓮寺站 (BL29)
Wat Mangkon

 倫披尼站
Lumphini

 席隆站
Silom

 山燕站
Sam Yan

 華蘭蓬站
Hua Lamphong 龍蓮寺站
Wat Mangkon

 山詠站
Sam Yot

 沙喃猜站
Sanam Chai

 BL 25   BL 26   BL 27   BL 28   BL 29   BL 30 BL 31

← 他帕站
Tha Phra
(BL01)

 席隆線
莎拉當站
Sala Daeng

 泰國國家鐵路
華蘭蓬火車站
Hua Lamphong

朗頌站 →
Lak Song
(BL38)

華蘭蓬站與龍蓮寺站所在的範圍，恰好就是中國城的周邊區域，所以放在一起介紹。其中，龍蓮寺站就在中國城區域內，地鐵站內整個設計成中國風的裝飾，還沒出站就讓你拍不停！

1 近百年歷史的老火車站建築
2 中國風的地鐵設計，網美都來打卡

曼谷達人 *Bangkok*
3大推薦地

鐵道迷享用
華蘭蓬火車站

百年建築火車站，開放式月台，看建築或是看火車都很有意思喔。(見P.139)

遊客必訪
金佛寺

泰國三大國寶之一，最大的金佛，背後有著華人的故事，是華人社區的信仰中心。(見P.139)

曼谷的中國味
中國城

華人在泰國占有舉足輕重的地位，擁有華人血統的泰國人比例也很高，來看看這裡的中國城吧!(見P.138)

遊賞去處

泰式風格的華人街
中國城 China Town

MAP **P.137／B2**

1號出口
步行約20分鐘

DATA

✉Yaowarat Road, Charoen Krung Road, Bangkok 🚇龍蓮寺站1號出口出站右轉直行，就在中國城主區了

在泰國的人口中有14％具有華人血統，多是3百年前鄭和下西洋時隨同前來，大多來自於潮洲，他們群聚而居，在耀華力路(Yaowarat)與石龍軍路(Charoen Krung)一帶就是中國城的範圍。

由於地鐵龍蓮寺站的開通，現在到中國城方便多了，幾乎一出站即達!而旅遊局也順勢推出了中國城步行街的計畫，從傍晚開始整個中國城熱鬧異常，大大小小的攤位全部出籠，你可以沿街吃到各種小吃，加上近年許多有創意的年輕人，將祖上的老房子改裝成文青網紅店，你會發現有老房子、老藥鋪變身咖啡廳、精品旅店、餐廳酒吧，都特別的有味道唷!

1中華門是中國城的地標，看到這個門就到中國城了 2夜間的中國城非常熱鬧

鐵道迷的參觀天堂

遊賞去處

華蘭蓬火車站

MAP P.137／D2
2號出口
步行約1分鐘

DATA

http www.railway.co.th ✉Rama IV Rd., Pathum Wan, Bangkok
☎(02)220-4334

David的貼心提醒！

華蘭蓬火車站已停用，原鐵路功能轉移到邦賜站(Bang Sue)，欲使用鐵路旅行請前往新火車站搭乘。

如果你是鐵道迷，那就不要錯過這座古蹟等級的火車站！從MRT的華蘭蓬站(Hua Lamphong Station)經由地下通道前往火車站，這裡展示了曼谷MRT發展的歷史，連1996年MRT系統起建的的基石也收藏於此，此外更有九世皇搭乘火車巡視的珍貴照片。

走出過道直達火車站，這座華藍蓬火車站建於1916年，算是相當有歷史的古蹟，整個火車站是圓弧型結構，有人說有點中央車站的感覺，吸引許多影視劇在此取景，其中也包括蔡依林，她的金三角MV便有此火車站的畫面。目前火車站運輸的功能多已轉移，但仍有火車停靠，因此還是吸引不少遊客特別來此拍照留念。

■1火車與月台，蔡依林的金三角MV在此取過景 ■2MRT系統起建的基石展示於地鐵過道內

國寶級的佛教寺廟

遊賞去處

金佛寺
Wat Traimit

MAP P.137／C3
1號出口
步行約7分鐘

DATA

✉661 Charoen Krung Rd., Samphanthawong District, Bangkok
☎(085)917-8569 ⏱09:00～17:00 💲參觀禮佛免費，2、3樓博物館100泰銖 ➡華蘭蓬站1號出口直行過馬路，再過一小橋後左轉步行5分鐘即達

在中國城周邊的金佛寺，擁有重達5.5噸的金佛像，是泰國三大國寶之一，據說早年這座寺廟由3位華人集資建成，所以也稱為三華寺；而這尊大金佛可以推到六百多年前的素可泰王朝時期，當時由於外來入侵不斷，因為擔心金佛遭破壞就將祂塗滿泥巴埋入土中，直到三百多年後被挖掘出來，仍是一身泥菩薩，被置於昭披耶河畔的廟宇中，後來由於這一區華人越來越聚集，便將佛像請到此處，在搬運佛像時意外敲落了一塊外觀泥層，露出金身，也才讓此金佛得以重見天日，以金身面對信眾。這裡還有個博物館，3樓展出包括金佛鑄造過程與搬運、發現金身的過程，2樓則介紹中國城區華人移居歷史與演進過程。

■1外觀莊嚴的金佛寺 ■2全泰國最大的金佛

中國城

怎麼玩?

◀ 坐在路邊吃
海鮮也有一
番風情

小巷內的探索

　　整個中國城區內,許多小巷可以轉進去探索一番,還能看到關聖帝廟呢;另外在善本巷(Sampheng Lane)這裡是個批發市場,超長一條,像是頭飾、髮夾、耳環、文具、玩具等,都能在這裡用超實惠的價格買到手。

合記林真香

　　這是肉乾、雜貨的專賣店,光是耀華力路上就開了很多家!難道這品牌是大家共用的?想要買些肉乾、瓜子、蜜餞帶回台灣當伴手禮,可以來這裡選購一下。
註:豬肉製品嚴禁帶回台灣請特別注意。

路邊海鮮攤

　　下午5點過後走到Phadungdao路口轉角處,可以看到兩攤「壁壘分明」的海鮮店,一綠一紅分別在巷口的兩側,其中綠色是T&K,紅色則是Lek & Rut,在網路上T&K海鮮比較出名,但其實兩家的口味與菜色差不了太多,想要感受一下吃路邊大排檔感覺的人可以試試,價格不貴。

▼大排檔的價格,料理得卻很不錯

 特色美食　連明星也愛吃的魚丸店

如 耀華力魚丸

■DATA

✉433 Yaowarat Rd., Chackrawat, Sampanta-wongs, Bangkok ☎0897-827-777 ⏰10:00～21:30 💲平均消費:50泰銖 🗺P.137 / B2

　　在耀華力路上有這麼一家小店,紅色的中國娃娃頭像Logo,所有店員穿著紅色制服,它的店名叫做「如 耀華力」魚丸,小小的店面卻被許多多媒體報導過,也吸引很多明星來這裡用餐,如果你想要嘗試多種不同口味的當地魚丸可以來這裡試試,幾乎每一種麵都有綜合魚丸,當然也可以選擇米粉湯來搭配魚丸。這家店唯一的缺點就是,有時候它會很隨性的提前打烊!所以,看看你的運氣囉!

特色美食

挑戰嗜辣者的功力
胖老闆下水粿條

DATA

📍Seng Heng Li大廈(Chinatown Rama)的1樓 🕐18:00
～03:00 💲平均消費：70泰銖 🗺P.137／A2

在耀華力路上有一攤出名的粿條店，這個粿條稱作Kuay Jab (音：龜扎)，有人說它像是河粉，但我卻覺得它更像台灣的鼎邊銼，一開

1第二代接手將美味傳承下去 2非常有料，但也非常的辣

張就有許多客人登門。這是一家華人開的店，位置在一家老的二輪戲院樓下，每天晚上6點以後才開始營業。上桌的粿條湯用料超實在，從豬表皮(叉燒)、心、肺、肝、胗等一應俱全，再加上Q嫩口感的粿條，完成這碗豐富的下水粿條，不過要注意的是它超辣的，不是那種辣椒的辣喔，是胡椒辣，建議搭配菊花茶、雪梨茶可以鎮辣。以前David去吃的時候都是胖老闆在料理，可惜他在疫情中離世，現在第二代接手料理，美味不變，也連續多年被米其林推薦！

特色美食

清涼去火好選擇
恳記雙葫蘆涼茶

DATA

📍670 Charoen Krung Rd., Bangkok 🕐08:00～22:00
💲涼茶每杯15泰銖 🗺P.137／B2

這家店面雖小卻很有名，曾入選曼谷最佳街頭小吃Top50，創立於民國17年，你可以看到裡面有兩個葫蘆，裝著最主要的兩種茶品：涼茶與苦茶，這都是用祖傳的草藥熬製而成，在曼谷這麼炎熱的天，來到這裡喝上一杯涼茶去去火、降降暑是不錯的選擇。不過別說David沒提醒你，它那苦茶真是苦不堪言啊！比我在廣州喝過的苦茶還要好幾倍的苦，除非真的很吃得了苦的人，不然，選擇八寶涼茶喝喝就好。

1老字號小店面的恳記雙葫蘆涼茶 2兩個葫蘆坐鎮，是他們的招牌特色

特色美食 網紅打卡名店，錯層設計超吸睛

龍頭

MAP P.137／B2 龍蓮寺站3號出口

DATA

✉538 Yaowarat Rd, Khwaeng Samphanthawong, Samphanthawong, Bangkok ☎(064)935-6499 🕐00:30～20:00 ➡MRT地鐵Wat Mangkon站3號出口

中國城高人氣港式甜品點心店，因為空間利用的關係，將座位設計為上下錯層的形式，整個環境採中式的布置及設計，高顏值加上美味的各類型小品飲食，意外地大受歡迎，成了網紅打卡勝地！

在中國城內，走累了不妨來這裡吃點港式點心，不論喝個茶吃個甜品都不錯！喝杯會變色的蝶荳花飲或是龍頭拿鐵，搭配超擬真蘑菇包或是迷你版的生煎包都可愛又不會太大份，當成點心很剛好！

1上下交錯的座位 2蘑菇造型的小包子 3小巧可愛的迷你生煎包

特色美食 一棟老樓，三種風情

Wallflowers Cafe

MAP P.137／C2 華蘭蓬站1號出口步行5分鐘

DATA

✉31-33 Pom Prap, Pom Prap Sattru Phai, Bangkok ☎(090)993-8653 🕐Cafe：11:00～19:00；Bar：18:00～02:00 💲人均消費：180泰銖 ➡華蘭蓬站1號出口直行過橋，左邊馬路直走3分鐘，巷子右轉走2分鐘路口

這是一間躲在中國城巷子裡的老建築，最有趣的是這棟老樓內同時有3種經營型態！白天是花店與甜品店，晚上變身Live Band酒吧，實在是非常奇妙的經營方式！

白天來到中國城的遊客，可以在充滿綠意鮮花的環境中，吃吃甜品蛋糕。晚上來到這條巷子，兩側全部都是酒吧！David推薦大家晚上來，聽著現場演出的音樂，喝杯調酒、吃點熱食，你會知道泰國人真的很懂生活，中國城裡的不眠夜，更有一番風情。

1復古老樓被綠意與花朵包圍 2白天這裡是蛋糕甜品店喔
3坐在露天的樓頂也很特別

為了一堵老牆而開的咖啡廳

CHATA Specialty Coffee

DATA

✉98 Phat Sai, Khwaeng Samphanthawong, Khet Samphanthawong, Krung Thep Maha Nakhon, Bangkok ☎ (084)625-2324 ⏰07:00～17:00 💲平均價位150泰銖

中國城內有一棟建於1916年的百年建築，走到入口見到大門虛掩，看起來更像是什麼人家的宅邸，這庭院石子步道，完全是大戶人家的感覺，我們要去的咖啡廳，可神祕了，躲在後面小小的巷子裡，綠蔭覆蓋的走道末端！

如同溫室般的環境，陽光透過玻璃灑入室內，舉頭除了可以看見蠟燭吊燈，還能感受到爬上房頂的綠意。老闆本身是設計師，他說：「拿下這棟老建築，除了花費心思重新修繕建築本體之外，你看看後面那堵牆，就是為了這堵百年歷史的老牆，我才決定要弄個咖啡廳在這裡！」

老闆推薦的飲料竟然是「可樂咖啡」(Cola-presso)！我的天啊！這兩個完全不同屬性的飲料，可以組合在一起嗎？味覺是咖啡的苦，可又透著可樂的氣泡刺激，如果你也是不走尋常路的人，可以來試試。

百年建築華麗轉身：Baan 2459

其實，咖啡店只是附屬，前方百年老建築，目前是僅有4個房間的精品旅店，西元1916年就是佛曆2459年，4個房間就分別命名為：2、4、5、9。每個房間都有復古的味道，設計也用盡心思，要讓住客感受融入歷史中的體驗。訂房可查詢Baan 2459，房價約6,500泰銖。

1 如同溫室的咖啡廳已經是網美的打卡勝地 2 這杯咖啡可樂真的很妙 3 這面牆有百年歷史 4 每個房間都是復古風情 5 早餐會在窗旁欣賞美景食用 6 擁有大庭園的老宅邸

MRT線
MRT Line

臥佛寺、暹羅博物館

沙喃猜站
Sanam Chai (BL31)

華蘭蓬站
Hua Lamphong

龍蓮寺站
Wat Mangkon

山詠站
Sam Yot

沙喃猜站
Sanam Chai

易沙拉帕站
Itsaraphap

他帕站
Tha Phra

邦派站
Bang Phai

| BL 28 | BL 29 | BL 30 | BL 31 | BL 32 | BL 01 | BL 33 |

← 他帕站 Tha Phra (BL01)

朗頌站 →
Lak Song
(BL38)

泰國國家鐵路
華蘭蓬火車站
Hua Lamphong

沙喃猜站周邊街道圖

N8碼頭
Tha Tien

臥佛寺

臥佛寺泰式按摩

BLUE WHALE Local Eatery

Above Riva

暹羅博物館

BL31

沙喃猜站
Sanam Chai

FARM to TABLE, Hideout

北

以前要到臥佛寺都必須搭船(昭批耶河遊船，請見P.152)。在地鐵延伸線開通後，輕鬆就可以搭乘地鐵抵達了呢！一出站就是暹羅博物館，步行到臥佛寺也不遠，記得喔，走到碼頭可以搭4泰銖的擺渡船到對岸的鄭王廟喔！

1 4號出口對面是花木集散市場 **2** Above Riva景觀餐廳頂樓風景 **3** 本站的設計非常氣派豪華

看巨型臥佛

遊賞去處

Wat Pho 臥佛寺

MAP P.145 / B1
1號出口
步行約20分鐘

DATA

✉ 2 Sanamchai Rd., Phranakhon District, Bangkok
☎ (02)226-0335 ⏰ 09:00～17:00 💲 門票300泰銖(以現場公告為準)

　　本景點兩大重點：超大臥佛與泰式按摩學校。臥佛寺正式名稱為涅槃寺，是泰國最古老的寺廟之一，擁有全泰國最大的室內臥佛，長46公尺、高15公尺，從頭部位置走到腳都要花上好一段時間，如果沒有超廣角鏡頭還無法將全貌拍下呢！除了佛陀一身金色安詳的手托首而臥之外，在腳部更以珠母貝鑲嵌出指紋與108個佛像。

　　因為臥佛的姿態與氣勢太吸引人，許多人可能反而沒有注意到另一面的牆上有著精繪的壁畫，此外靠窗處有一排祈福用的砵，換20泰銖的小額零錢，沿著砵邊走邊想心願邊將零錢投入砵中，瞧每個外國人都好奇的不得了，紛紛排起隊來。除了臥佛之外，這裡還有91座小佛塔與4座大佛塔與多個大殿，整個區塊遊歷下來也能花掉好一陣子，記得注意防曬喔！

1 長46公尺的臥佛像 2 記得憑票可以換一瓶水，不知道有沒加持過？ 3 排隊投錢入砵祈福 4 廟內其他的佛塔與佛殿

體驗「如來神掌」按摩
臥佛寺泰式按摩

SPA按摩

MAP P.145 / C1
1號出口
步行約20分鐘

1

DATA
http www.watpomassage.com ✉ 60/3 Silom Rd., Central Bangkok Sathorn ☎ (02)221-2974 ⏰ 08:00～17:00 💲 泰式按摩420泰銖、腳底按摩420泰銖、草藥按摩520泰銖

　　來到臥佛寺一定不能錯過的是這裡的泰式按摩！因為它不但歷史久遠，同時許多的泰式按摩技法都是源自於此，結合了古醫學的基礎，這裡的環境雖比不上外面開業的豪華，但是從師傅按摩前詢問各種癥狀、是否有哪裡會痠痛，加上過程中感受到手法的細膩精準，就可以感受到其中的不同。

　　我相信你在曼谷期間去很多泰式按摩店，客人大多是外籍遊客吧？但是在這裡有很多當地民眾前來，頗有看診的感覺，讓我覺得反而像是他們的推拿中醫院一般。一定要提醒你的是，位置超級難找！我一共跑臥佛寺三回，整個內部外圍繞了遍才終於發現到它的位置：就位在東面的圍牆邊上。

1 按摩學校在這座建築內 **2 3** 不愧是發源地，按摩功力不同凡響

認識泰國文化最佳選擇
暹羅博物館

逛賞去處

MAP P.145 / C3
1號出口
步行約1分鐘

1

DATA
http www.museumsiam.org ✉ 4 Sanam Chai Rd, Phra Borom Maha Ratchawang, Phra Nakhon, Bangkok ☎ (02)225-2777 ⏰ 10:00～18:00 🚫 週一 💲 門票100泰銖 ➡ 1號出口出站就能看到

　　如果你想對泰國有多些認識，那麼這個暹羅博物館非常推薦你來參觀！從地鐵1號口出來，轉個頭就能看到這棟黃色的建築，它也是電影《初戀這件小事》的取景地唷！

　　一共有三個樓面，1樓售票與紀念品，2樓展出了：泰國學校教育、泰國味道、傳統、泰國圖騰的發展等等，其中有特別的展區介紹了泰國的信仰，像是你會見到的眾神、佛牌、民間傳說都有喔。3樓則是介紹了泰國的歷史發展、傳統服飾，整個博物館利用的多媒體互動、聲光導引等形式展出，讓觀賞者可以寓教於樂的輕鬆認識泰國文化！

2

3

1 這座博物館也是電影取景地 **2** 多媒體互動形式的展出 **3** 利用疊影解說佛塔的演進變化

特色美食

藍色的魔法，浪漫的色調

BLUE WHALE
Local Eatery

DATA

✉392/37 Maha Rat Rd, Khwaeng Phra Borom Maha Ratchawang, Khet Phra Nakhon, Bangkok ☎(096)997-4962 🕐10:00～20:00 休週四 ➡N8碼頭出來，第一個馬路右轉步行到Maha Rat路右轉就會看見

在這老城區巷子內，躲著一家曼谷網美們都愛來打卡的特色咖啡店，從外觀看它是一棟瘦長的透天小樓，整個塗上了藍漆，它就是「藍鯨咖啡店」。店內的空間不大，牆上貼了魚鱗般的各色馬克磚拼貼還有一隻大藍鯨塗鴉。

之所以大受歡迎，是因為他們家推出的「蝶豆花拿鐵」，色調整個美翻！熱的還有拉花呢！你看來這裡的女孩們，都是來拍照的啊，妳們這樣很對不起食物耶！建議安排在參觀完臥佛寺之後過來歇歇腿喝杯冷飲，路線最順喔！

1冰的蝶豆花拿鐵是奶茶喔 2這棟瘦長的房子就是知名網紅店 3店內有三層空間

特色美食

河景第一排景觀餐廳

Above Riva

DATA

✉392, 27 Maha Rat Rd, Phra Borom Maha Ratchawang, Phra Nakhon, Bangkok ☎(02)221-1188 🕐06:30～23:00 💲平均消費：800泰銖 ➡1號出口出站左轉小巷直行到底右轉，再走到第4條巷子左轉到底

這間餐廳位在RIVA ARUN這間水岸第一排的景觀旅店樓上，坐擁昭批耶河畔的景觀，正對著鄭王廟，浪漫指數百分百！但是卻沒什麼人知道，所以能夠輕鬆取得好位置！

全天候提供餐飲，你可以中午來享用午餐、下午來吃下午茶、晚上來吃正餐，或是更晚來喝杯調酒都很棒，畢竟它擁有的無敵景觀才是關鍵啊！David推薦小資女生來品嘗下午茶，甜品塔+飲料，單人600、雙人1,100泰銖起。或是在傍晚時來看夕陽，順便享用晚餐，這裡以歐陸菜系為主，不論

是綠咖哩鴨腿、羊膝肉等餐點都很有水準。當然啦，你也可以選擇更晚的時候來這裡看夜景喝調酒，以河岸第一排的景觀來說，價位很合宜唷！

1 綠咖哩鴨腿 **2** 羊膝肉 **3** 正對鄭王廟的無敵景觀位置 **4** 來個景觀下午茶也不賴

特色美食 隱身小巷的百年建築遇上有機料理

MAP P.145 / D3

FARM to TABLE, Hideout

1號出口 步行5分鐘

DATA

✉17 Ban Mo, Wang Burapha Phirom, Phra Nakhon, Bangkok ☎(02)221-1188 🕐10:00～21:00 ✖週三 💲平均消費：250泰銖 ➡4號出口出站，沿著小溪走，右轉過橋進入巷子內

在一個小小的巷子裡，有著一間百年歷史的歐風小洋房，早先這棟樓整整被荒置了40年，直到目前的老闆收下重新修繕，保留了大部分的原始結構，利用吊燈、舊木、磚牆，共同組成了一個小而溫馨的空間。

這家餐廳是一間餐廳＋咖啡＋甜品店，所有的食材都是有機直送，直接將農田裡的新鮮送到你的桌前！餐點方面都是套餐形式，就算是單人遊客也很方便點餐。滷蹄膀、雞肉料理、紅咖哩酸辣蝦湯，配上了來自清萊有機農場的蔬菜，就成了一份又健康又美味的套餐。

就算不是來用餐，這裡的甜品、冰淇淋也很厲害，甚至有豆漿、鹹鴨蛋口味的冰淇淋！美好的環境、健康美味的料理，現在這裡已經成為網紅店了呢！

1 這面牆現在是網紅打卡專用 **2** 利用老屋原始結構營造出復古風 **3** 套餐形式呈現方便一個人食用

MRT 線
MRT Line

全新延伸站，新景點公開放送

邦派站
Bang Phai (BL33)

Khlong Bang Luang
水上市場

邦派站
Bang Phai
3 BL 33 4
2 1

Rama 9 Road

水門寺

沙喃猜站
Sanam Chai

易沙拉帕站
Itsaraphap

他帕站
Tha Phra

邦派站
Bang Phai

邦瓦站
Bang Wa

攀多誰站
Phetkasem

帕西哲冷站
Phasi Charoen

| BL 31 | BL 32 | BL 01 | BL 33 | BL 34 | BL 35 | BL 36 |

← 他帕站
Tha Phra
(BL01)

席隆線
邦瓦站
Bang Wa

朗頌站 →
Lak Song
(BL38)

MRT延伸線中，邦派站真是幫了遊客大忙！兩個過去交通不便的景點，現在都可以抵達，這一站有兩個重要景點，不過都要步行，怕累的話可以叫計程摩托車送一程。

距離曼谷市區最近的水上市場

Khlong Bang Luang 水上市場

遊賞去處

MAP P.150
4號出口
步行約15分鐘

DATA

📍99/5 Soi Phet Kasem 20, Pak Khlong Phasi Charoen, Phasi Charoen, Bangkok ⏰只有週末開放 ➡️4號出口出站，沿著小溪走，右轉過橋進入巷子內，跟著Google Map指示走約15分鐘

　　曼谷周邊比較有名的的水上市場是「丹嫩莎朵」與「安帕瓦」(P.184～187)，距離曼谷都有2小時車程，交通上也比較需要安排。現在地鐵延伸線開通，時間較少或不想花腦筋的遊客，不妨來這個離市區最近的水上市場喔！

　　出站散步15分鐘左右就能抵達，這裡沒有太多觀光客，更顯得寧靜與貼近當地人的生活，沿著水岸人家的廊道漫步，找間特色的店家品嚐美食，或是買一包「超大乖乖」來餵魚，感受一下不一樣的寧靜生活態度吧！推薦橋頭邊的Auntie，有豬下水粿條、咖啡飲料、泰式甜品，價格都非常親民，然後就可以坐在水岸邊舒服的吹風看景囉！

■1距曼谷最近的水上市場 ■2這是超大的乖乖，是用來餵魚的喔 ■3橋邊的粿條店要試試看喔

曼谷超大佛像＋最美室內佛螢光塔

水門寺 Wat Paknam

遊賞去處

MAP P.150
1號出口
步行約12分鐘

DATA

📍300 Ratchamongkhon Prasat Alley, Pak Khlong Phasi Charoen, Phasi Charoen, Bangkok ☎️(02)467-0811 ⏰08:00～18:00 💲免費參觀 ➡️1號出口出站，往前方直行，會看到一座橋時右轉進入小巷內，跟著Google Map指示走約12分鐘

　　在曼谷許多地方你可能都會看到一尊超大的佛像，祂就位在水門寺，地鐵站出站散步10多分鐘就可以抵達囉！

　　水門寺最早始建於大城王朝，約有400年的歷史，螢光佛塔位在寺廟中央的白色塔中，此塔建於2012年，靈感來自清邁建於15世紀的Wat Loka Moli佛塔。塔高80公尺，共有5層。其中1、3樓都是博物館，展出眾多珍貴佛教文物與泰國舊時代留下的物件，相當值得一看！

　　主角是位在5樓的螢光佛塔，天花板設計為螢光綠的色調，如同繁星般的點綴，本體是一座厚實水晶堆疊而成的高塔，畫面感超強，是每個人看到都說要來朝聖的寶地。

■1畫面感超強的水門寺螢光佛塔 ■2螢光佛塔在這白塔內的5樓 ■3曼谷最大的佛像，許多地方都能看到

搭地鐵玩遍
曼谷

Bangkok

每一個美麗的城市都有一條美麗的河流，如：上海的黃浦江、廣州的珠江、首爾的清溪川等等……在曼谷也有這麼一條重要的河流：昭披耶河。它貫穿曼谷市中心，具有相當重要的交通與運輸意義，而對遊客來說這條河不但本身具有遊河觀光的價值，還能直達多個景點，每一個人的曼谷之旅都不能錯過利用昭披耶河好好的來感受一下，這條曼谷的母親河對於這個城市的意義！

昭披耶河遊船分站導覽

遊船沿線重要景點

　　首先要了解如何搭乘，最方便也是遊客使用最多的，當然是與BTS空鐵的沙潘塔克辛站(Sa-phan Taksin)相銜接的中央碼頭(Sathorn)，2號出口出站步行1分鐘就能到達，幾乎是目前所有遊客搭乘遊船的起點碼頭，這一站是運河遊船的中心點，往北各站以N1、N2、N3往上加，同理，往南就以S1、S2、S3來增加。中央碼頭往北共33站。不過遊客最遠只需用到N15站就夠了喔！

N15｜Thewet
碼頭餵魚樂
柚木皇宮(Vimanmek Palace of King Rama V)
舊國會大廈(Ananta Samakhom Throne Hall)

N14｜Rama 8 Bridge

N12
Phra Pin Klao Bridge

N13｜Phra Arthit
距離高山路最近一站

N11
Thonburi Railway

Tha Maharaj

Wat Lang｜N10

N9｜Tha Chang
大皇宮(Grand Palace)、玉佛寺(Wat Phra Kaew)
飲食、古玩市場

鄭王廟

N8｜Tha Tien
鄭王廟、臥佛寺(Wat Pho)

Rajinee｜N7

Yodpiman (花市)

N6｜Memorial Bridge

N5｜Ratchawong Pier

N4｜Marine Dept.

N3｜Si Phraya

IconSiam

N2｜Wat Muang Kae

N1｜Oriental
東方文華酒店、
Le Normandie餐廳

中央碼頭｜Sathorn
Asiatique河畔夜市、IconSiam
(搭乘專屬接駁船)

Wat Sawetachat｜S1

S2｜Wat Worachanyawas

Asiatique

S3｜Wat Rajsingkom

Rajburana｜S4

遊船類型與票價資訊

曼谷的船公司利用不同顏色的旗幟來區分不同的船種,共分為無旗幟、綠旗、黃旗、橘旗、紅旗、藍旗。一般遊客只要專注藍旗(觀光船)與橘旗就可以了!

＊疫情後遊船資訊常有變化,請留意官網或現場資訊
＊觀光船官網:chaophrayatouristboat.com
＊一般船官網:chaophrayaexpressboat.com

David的貼心提醒!

飯店與Asiatique IconSiam接駁船

部分河岸飯店有自己的免費接駁船,知名的Asiatique碼頭夜市、IconSiam商城也有自家的接駁船,碼頭與一般遊船不同,請留意現場指示牌。

橘旗

船頭的橘旗就是識別

想要省預算,或是已經熟悉遊船運作的遊客,可以選擇橘旗船,它停靠的碼頭多,票價也最划算。但是搭乘的當地民眾、遊客眾多,通常很擠也沒有位置坐。

🕐 平日06:00～17:00 (週六及假日07:30、週日09:00開始營運),每20～40分鐘一班
💲 單一價16泰銖。大站會有販售船票處,小站則自由登船,上船後會有人來收費

藍旗

推薦遊客使用藍旗觀光船最方便

建議遊客使用針對遊客推出的藍旗船最方便,不但有解說、WIFI、廁所,還有露天平台可以欣賞河岸美景!觀光船基本囊括了所有遊客前往的熱門景點,利用一日票非常方便設計行程。

🕐 08:00～19:15
💲 單趟30泰銖、一日票150泰銖

IconSiam

Asiatique 碼頭夜市

中央碼頭
S6 沙潘塔克辛站

N5
中國城

鄭王廟
Wat Arun

N9
大皇宮

The Maharaj
文青市集

N10

N13
高山路

155

昭披耶河遊船
Chao Phraya Express Boat

從本站開啟豐富精采的曼谷遊河之旅

中央碼頭站
Sathorn (CEN)

Wat Rajsingkom	Wat Worachanyawas	Wat Sawetachat	中央碼頭站 Sathorn	東方文華站 Oriental	Wat Muang Kae	Si Phraya
S3	S2	S1	CEN	N1	N2	N3

← Rajburana (S4)

Pakkret → (N33)

BTS席隆線
沙潘塔克辛站
Saphan Taksin

中央碼頭站與BTS捷運的沙潘塔克辛站(Saphan Taksin)鄰近，由本站可以搭乘前往IconSiam(08:00～23:00)與Asiatique夜市(16:00～23:30)的免費接駁船，要注意搭乘碼頭的位置，請詳閱告示牌，同時許多河對岸的五星酒店也提供接駁船服務，在本站也可搭乘。

中央碼頭有專門的船票銷售處

遊賞去處

老碼頭改造的超有Fu夜市

Asiatique夜市

DATA

🌐www.thaiasiatique.com ✉Charoenkrung Rd., Soi 74, Bangkok ⏰夜市時間：每日17:00～24:00；接駁船營運時間：16:00～23:30 🚢接駁船搭乘地點：Central Pier(BTS空鐵Saphan Taksin站)

曼谷的「Asiatique碼頭夜市」，這是一個要搭船去的夜市，這個夜市有免費的接駁船，每天下午4點開始在Sathorn中央碼頭接送遊客，船行大約10分鐘就可以看到夜市。這個由老的碼頭倉庫改建而成的夜市，完全沒有傳統夜市的擁擠與髒亂感，反而有著特殊的設計感與新舊結合的另類風格。

這個夜市保留了原來的船塢倉庫，裡面有著挑高鋼筋結構，此外，像是大鐵錨、機具齒輪等等，也化身為裝飾物為賣場增添特色，現場的鐘樓與美式西部風格的儲油槽等，也都是大家熱愛取景拍照的地方。

1 2 老碼頭改建的夜市，超有Fu 3 現場的布置造景也都很美喔 4 Asiatique夜市

融合美式百老匯的藝術人妖秀

Calypso

DATA

🌐www.calypsocabaret.com ✉WareHouse 3 📞(02) 688-1415～7 🕐20:15、21:45各一場演出 💲1,200泰銖(優惠訂票請參考P.26) ℹ位於AsiaTique夜市內

曼谷市區的人妖秀場，目前多以接團客為主(特別是中國團)，所以人妖秀的演出也偏向東方化，如：演唱《夜上海》、《小城故事》等歌曲。而在Asiatique的這家Calypso就有著美式的風格，把百老匯的舞台精髓注入人妖秀之中，我覺得在視覺的精采度與藝術性上更有看頭。

結合了音樂、舞蹈、模仿、文化的綜合展演，重點並不放在展露人妖的身材，而是以多種藝術演出的方式，呈現人妖藝術工作者的演出能力。

拉瑪五世泰國皇家軍艦船上用餐

Sirimahannop

DATA

🌐www.sirimahannop.com(線上訂位) ✉72 Charoen Krung Rd, Wat Phraya Krai, Bang Kho Laem, Bangkok 📞(02) 059-5555 🕐16:00～00:00 ℹ位於AsiaTique夜市內

碼頭夜市停靠著一艘三桅帆船，它可不是裝飾品而是一間隸屬於萬豪候爵酒店旗下的餐廳！仿製拉瑪五世時代泰國皇家軍艦船，它本是一艘商船，航行於泰國與歐洲之間進行貿易，然後在1893年法暹羅戰爭中改造為軍艦，是保護泰國首都免受入侵的6艘船隻之一。

改造後的此艦保留了當時的結構設計，內部展示珍貴的史料照片，同時以餐廳的形式對外營業，主廚Pakpilai融合了泰國與國際風味，打造出如同當年這艘船遠洋四海，在泰國與歐洲之間貿易所接觸的各種料理美食！

來到曼谷品嘗美食不希罕，但是能在具有歷史感、畫面感的古式大船上用餐，然後在甲板上喝杯特調的雞尾酒，這就真的很難得了！推薦遊客提早訂位來感受一番，不論是享用美味還是打卡自拍，相信都會是珍貴難忘的回憶。

1停在夜市前的經典三桅帆船 2甲板上有專屬的酒吧區
3各種泰式、歐式料理都有
(照片提供 / Bangkok Marriott Marquis Queen's Park)

ICONSIAM
昭批耶河上的最新地標級商城

DATA

http://www.iconsiam.com/en ✉299 Charoen Nakhon Soi 5, Charoen Nakhon Road, Khlong Ton Sai Sub District, Khlong San District, Bangkok ☎(02)495-7000 ⏰10:00～22:00；接駁船營運時間08:00～23:00 ➡接駁船搭乘地點：Central Pier(BTS空鐵Saphan Taksin站)

這座商城堪稱是曼谷近年最熱的話題之一，位在昭批耶河畔，斥資540億泰銖，占地75萬平方米，從一開始就以打造曼谷地標做為設計目標！吸引入駐的單位有國際精品中心ICONLUXE、APPLE曼谷旗艦店、Siam高島屋等。

內部的設計同樣精采，融合泰式傳統與抽象藝術，同時以「ICONS within ICON」的概念讓許多小型建築物被包覆在外觀的巨大建物內，從建築設計的角度來欣賞，同樣是世界級的經典。

至於內部，除了各國精品齊聚之外，泰國本身風格的內容也非常突出，其中最突出的當屬「SookSiam」區，此區以「東方威尼斯」為設計理念，將水上市場搬進室內！圍繞著泰國76府的特色工藝品、地方美食、節慶表演等等，絕對讓你大呼過癮！

1昭批耶河上的最新地標級商城 2APPLE旗艦店也落戶於此 3獨特的室內空間設計 4SookSiam區打造東方威尼斯的感覺

昭披耶河遊船
Chao Phraya Express Boat

河岸美景相伴的奢華貴婦行程

東方文華站
Oriental (N1)

Wat Worachanyawas

Wat Sawetachat

中央碼頭站
Sathorn

東方文華站
Oriental

Wat Muang Kae

Si Phraya

泰國海事處站
Marine Dept.

S2　S1　CEN　N1　N2　N3　N4

← Rajburana
(S4)

BTS席隆線
沙潘塔克辛站
Saphan Taksin

Pakkret →
(N33)

David的貼心提醒！

這一站就是知名的東方文華酒店所在，眾多遊客推薦這裡貴婦感覺的下午茶，不過要價不斐，主要還是吃氣氛啦，要來本站不一定要花錢搭船，在中央碼頭搭乘東方文華的接駁船即可。

建議出發前至少1個月就預約(上官網發Mail或致電)。

必須穿著正式，否則將不被接待(T-Shirt、短褲、拖鞋、球鞋都不行喔)，同時不接待12歲以下孩童。

特色美食

女生超嚮往的東方文華貴婦下午茶
Author's Lounge

DATA

✉48 Oriental Ave., Bangkok ☎(02)659-9000 分機7670 🕐11:00～20:00(下午茶14:30～17:00) 💲平均消費：1,500泰銖 ➡在中央碼頭搭乘文華酒店接駁船直達酒店專屬碼頭

深受女性喜愛的文華下午茶場地

對許多來曼谷的女生來說，沒吃到文華的貴婦下午茶就感覺少了些什麼，畢竟能在一個五星酒店、百年建築內享用豐富且美味的點心與茶品，十足的貴婦氣質啊！現在下午茶價格1,500泰銖／人(另加17%稅)，想當貴婦果然要付出代價啊！環境四周有許多歷史照片，大廳旁的Reading Room更是許多知名作家曾經留下足跡的地方喔！

特色美食

最優惠的米其林套餐來這吃！
Le Normandie

DATA

✉☎💲➡同Author's Lounge 🕐午餐12:00～14:30，晚餐19:00～22:00 💲平均消費：3,500泰銖起

Le Normandie在2018年首度公布的曼谷米其林名單中奪下二星的榮耀！你也知道星星跟價格成正比，沒錯，正常晚餐吃個8、9千都有可能，你可以選擇在工作日的中午來享用Lunch Set，最低2,950泰銖即可有享有3道菜色的套餐，在臨窗的景觀與幽雅的環境中品味米其林二星的料理，餐後還有現場製作的精緻甜點與咖啡，是最划算收下兩顆米其林星星的選擇！

餐後甜點馬卡龍

鮪魚料理

沉浸在甜菜根與紅漿果之中的是鮮嫩的鮪魚，外觀的擺盤就不用說了，整體的配色就充滿春天的氣息，用以點綴的綠色Sauce是直接用甜菜根打漿，味道很濃郁，配合清淡鮪魚剛好足以提味。

煙燻鮭魚搭配蘆筍、馬鈴薯及小薄餅

又是一道色藝雙馨的美食，燻鮭魚包裹著綿密的薯泥，舒心而細緻的口感，這時候再來一口蘆筍共同混合，哇哈，不知道該如何形容了啦！特別要提的是：盤底那綠色不是湯汁或醬汁，是一層薄薄的蔬菜果凍！看這巧勁不得不佩服星級餐廳的功力啊！

昭披耶河遊船
Chao Phraya Express Boat

百年歷史Talad Noi歷史街區探索

泰國海事處站
Marine Dept. (N4)

東方文華站
Oriental

Wat Muang Kae

Si Phraya

泰國海事處站
Marine Dept.

Ratchawong

Memorial Bridge

Rajinee

N1 **N2** | **N3** | **N4** | **N5** | **N6** | **N7**

← Rajburana
(S4)

Pakkret →
(N33)

N4碼頭是泰國海事處站(Marine Dept.)，穿過海事處建築，就會來到Talat Noi歷史街區，此區橫跨200多年歷史，最早有葡萄牙人設立聖玫瑰教堂，後有華人移民定居，老城區有著特別的歷史感。

David送上規劃的探索路線，跟著地圖走，你將體會到：200年的中國古建築、清水祖師廟、漢王廟還有老城塗鴉牆與兩間網美咖啡店。

泰國海事處站周邊街道圖

🍴 Hong Sieng Kong

📷 清水祖師廟

📷 廢棄金龜車

📷 蘇恒泰宅邸

🍴 Mother Roaster Talad Noi

彩繪塗鴉牆 📷

📷 漢王廟財神宮

Marine Dept. N4

往 聖玫瑰堂 📷

 遊賞去處

彩繪塗鴉牆

轉進小巷驚喜開啟！一整段的塗鴉牆面導引著遊客的漫步之旅，牆上同時也展示老城區的歷史照片，彷彿一條時光隧道。

Mother Roaster

特色美食

DATA

✉1172 Soi Chareonkrung 22, Talat Noi, Samphanthawong,
Bangkok ☎061 216 2277 🕐10:00～18:00

途經一座被塗鴉的倉庫，樓下推滿有油氣、金屬味的廢棄零件，你敢相信這是間網紅咖啡店嗎？不用懷疑大膽走進去，上2樓會更驚喜！這是一位70歲老媽媽的圓夢咖啡店，能讓你品味到來自全世界的的手沖咖啡豆。

漢王廟

遊賞去處

咖啡店對面是一間中式廟宇，供奉漢王，同時旁邊有一座財神宮，這裡是Netfilx電影《給我樂透》的取景地，面對昭批耶河的這座廟宇可以看到華人移民的信仰文化。

蘇恒泰宅邸

遊賞去處

續前行，陌巷之中赫然出現一中式古宅，門口高掛兩大紅燈籠，高掛的恒泰匾額，四個組合漢字，還有兩側牆體上的中國神仙寓言故事裝飾，這是棟有200年歷史的老宅，早在拉瑪一世時代就有了！其歷史可推衍到1800年代，比曼谷這個城市建都還要早！

廢棄金龜車

遊賞去處

街角廢棄的金龜車與後方斑駁的牆體，形成了滿滿的頹廢風，這衝突感十足的畫面竟意外讓這裡成為網美打卡拍照之地。

清水祖師廟

順興宮清水祖師廟,隸屬於泰國福建會館旗下。從寺廟中的匾額上提有嘉慶甲子年(西元1804年)的年代紀錄來看,至少有200年以上的歷史!此地是旅泰福建人的發祥地。

Hong Sieng Kong

最新的網紅咖啡餐廳,百年老宅大改造,古色古香的建築體,加上主人收藏的大量古董文物,你可以用餐喝咖啡,欣賞文物之美或是坐在河畔欣賞往來的船隻,遙想百年前的城區風華!

怎麼樣?這一段漫步路線是不是超有感?安排一個午後時段來親自感受橫跨了200年的昭批耶河畔老城區,絕對是你曼谷之旅深度的回憶。結束後你可以原路返回搭船,或是步行到中國城區(約5分鐘)、MRT華蓮蓬站(約10分鐘)繼續旅程。

昭披耶河遊船

Chao Phraya Express Boat

兩岸都有景點的Tha Tien站

Ratchawong Pier (N5)
Tha Tien (N8)

Marine Dept. | Ratchawong Pier | Memorial Bridge | Rajinee | Tha Tien | Tha Chang | Wang Lang

N4 ...... N5 ...... N6 ...... N7 ...... N8 ...... N9 ...... N10

← Rajburana
(S4)

Pakkret →
(N33)

N5站距離中國城區最近，出站後沿著Ratchawong路走500公尺，就會銜接耀華力路(也就是中國城，介紹請參考P.140～143)。如果你的行程規畫在遊玩過中國城後想要銜接運河之旅，可以在中國城附近搭乘嘟嘟車來到N5碼頭。

N8站的景點有：臥佛寺(見P.146)、鄭王廟。在N8遊船碼頭下船後旁邊就有一個售票處，一張船票5泰銖，送你到對岸的鄭王廟。參觀完鄭王廟之後同樣坐5泰銖的往返船回到N8碼頭。(由於碼頭維修，目前船隻直接停靠鄭王廟這一側碼頭)

David的貼心提醒！

由於MRT地鐵延伸線開通，遊客也可以選擇搭MRT地鐵到Itsaraphap站，出站步行12分鐘也能抵達鄭王廟。

遊賞去處

第一位海外華人皇帝

鄭王廟

DATA

No.34, Arun Amarin Rd., Kwang Wat Arun, Bangkok ⏰08:30～17:30 💲200泰銖

很有意思的一件事是說到鄭王廟，大部分的華人遊客就會問：是鄭和嗎？雖然鄭和下西洋確實來到過泰國，這個鄭王也確實有華人血統，不過他是「鄭信」，人稱達信王，是從潮州飄洋過海來到暹邏的鄭鏞後裔，也是中國歷史上第一位當上海外皇帝的漢人。

鄭王廟是座大型的廟宇，入口處可以見到宏偉的守護神石像，而寺內的5座舍利塔(四大一小)更是最受遊客青睞，位於中央的大塔高79米，氣勢宏偉有「泰國的艾菲爾鐵塔」之稱，整座塔身以佛像、琉璃、陶瓷彩繪雕飾，美侖美奐。遊客可以由樓梯登塔，不過要提醒你真的很陡！上去容易下來難，看著那近75度的斜度與高度，下塔之時真的需要一點勇氣！你永遠可以看到許多遊客戰戰兢兢地上下樓梯！

1廟中許多石雕有著中式的風格 2從對岸遠眺鄭王廟 3鄭王廟大門 4爬上去還容易，下來就腿軟

昭披耶河遊船
Chao Phraya Express Boat

感受泰國皇室的莊嚴氣勢

Tha Chang (N9)

出站就是一個小小的市集，轉角處兩側有一些餐廳、咖啡店，參觀大皇宮耗時較久，可以先在這裡填飽肚子，碼頭出站直行就可以到達大皇宮的入口。

Memorial Bridge	Rajinee	Tha Tien	Tha Chang	Wang Lang	Thonburi Railway	Phra Pin Klao Bridge
N6	N7	N8	N9	N10	N11	N12

← Rajburana (S4)

Pakkret → (N33)

遊賞去處

泰國皇宮的規模排場不輸中國呢

Grand Palace 大皇宮
Wat Phra Kaew 玉佛寺

DATA

🌐 www.royalgrandpalace.th/en/home　✉ Na Phralan Rd., Bangkok　📞 (02)224-33
28　🕐 08:30～15:30(關門時間較早，請注意時間的安排)　💲 門票500泰銖

大皇宮始建於1782年，拉瑪一世皇將國都由昭披耶河西岸遷至東岸，依大城皇宮藍圖打造新皇宮，占地廣達2公頃，其中包括北邊的玉佛寺。由於屬於皇家宮殿，所以可是有軍隊駐守保護的喔，入場門票價格為500泰銖(近年幾乎年年都漲價，漲到這個數字我已經有點感到不值了)，入場時一定要記得拿一份大皇宮導覽地圖(有中文)，這樣逛起來才知道身處何處。

進入大皇宮首先會看到的就是玉佛寺，主要是用以舉行皇家儀式，並沒有僧侶居住，一年3次由泰皇親自主持為玉佛更換錦衣，可見此玉佛被重視的程度。玉佛由碧玉翡翠雕琢而成，最早在1464年發現於清萊府的一座佛塔內，輾轉經過多位城主迎佛，經過清萊、清邁，還在寮國供奉過226年，鄭王又將之迎回，歷經數百年流離顛簸的故事平添了許多傳奇性。

其他看點還包括了3種截然不同風格的佛塔，圓形金塔是一座錫蘭式舍利塔，而中央的泰式藏經樓，內有一部以金片製成的藏經，這座經樓金光閃爍，玻璃與鑲金裝飾在陽光的照耀下極其絢爛，最後一座十字造型的是「碧隆天神殿」，其頂端的吳哥式塔型是最大特色。

出了玉佛寺接著會來到皇宮建築群，整個區域中有阿瑪林宮、武隆碧曼宮、節基殿、杜喜殿、薩塔和殿、玉佛博物館等等建築，漫步其中感受泰國王室的生活與執政的悠悠歷史氛圍，你會對泰國這個王室國家有更多的認識。

David的貼心提醒！

路上有人假借搭訕跟你說大皇宮今天沒開，可介紹其他景點參觀都是旅遊詐騙，請不要上當。

皇宮有嚴格的服裝規定，露肩、露膝、露腳趾都是不可以的喔！

目前的票價中，包含額外的免費參觀地點，其一是泰國傳統箜劇(Khon)演出，地點在SALA CHALERMKRUNG ROYAL THEATRE，購票後7日內有效，在大皇宮也有免費接駁車可以送你過去。

1 錫蘭式金色舍利佛塔 2 玉佛寺入口處的大型夜叉王神像 3 拉瑪四世時依吳哥窟原貌製作的模型 4 拉瑪五世興建結合東西風格的節基殿

髒船攻略

獨家

空盛桑 運河快船
Khlong Saen Saep

貴婦止步！背包客請享用

如何搭乘髒船

　　除了地鐵與運河這兩項主要交通工具之外，其實曼谷市區內還有一條小運河，叫做空盛桑(Khlong Saen Saep)運河，說它是運河還不如說是大水溝，因為水還真的是又臭又髒，我還是列入介紹，因為這條曼谷本地居民通勤用的運河可以到達一些地鐵到不了的地方，會用的話其實很方便！只是……如果你是來享受貴婦行程的人千萬別試，行船時兩側的臭水有時候會濺起，相當的刺激，這條是我特別提供給背包客使用的喔！

1會用髒船其實很方便也很省錢 2搭乘時要鑽進船裡，還需要一點技術，貴婦別試 3髒船兩側都會站著平衡感超好的收票人員 4真正在地的就知道髒船多方便、好用

　　搭乘方式很簡單，任何一個碼頭等船來了就上，自己找位置坐定，如果你坐在靠船邊千萬小心水會濺起來，兩側有拉繩可以拉起帆布擋水，上船後自然會有人來收錢，告知要去的站名即可，價格約在14～30泰銖之間，相當便宜。

　　運河分為東西線，東線非常的長，不過後半段的使用率不高，所以我僅從東線的Saphan Asok碼頭開始介紹，這一站與地鐵MRT的Phetchaburi站很近，2號出口出來右後迴轉小橋下方就是了。

　　東西線的分界點碼頭為「Pratu Nam」，在這一站必須換船，同一個碼頭換另一線的船，跟著大家走就對了，已經購票的人換船後不必另外付費。

推薦使用這條運河的主要原因是它方便前往以下景點：

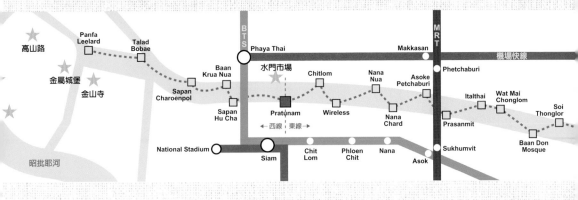

高山路

金屬城堡

金山寺

昭批耶河

Panfa Leelard
Talad Bobae
Sapan Charoenpol
Sapan Hu Cha
Baan Krua Nua
水門市場
Pratunam
Chitlom
Wireless
Nana Nua
Nana Chard
Asoke Petchaburi
Phaya Thai
Makkasan
Phetchaburi
Prasanmit
Italthai
Wat Mai Chonglom
Soi Thonglor
Baan Don Mosque
Sukhumvit

BTS
MRT
機場快線
←西線│東線→

National Stadium
Siam
Chit Lom
Phloen Chit
Nana
Asok

171

Panfa Leelard

本站位在空盛桑運河西側最後一站，一出站就能到達金山寺、金屬城堡等景點，而且一路晃到高山路也不算太遠，想體驗髒船感覺的遊客，就嘗試坐到本站來吧！

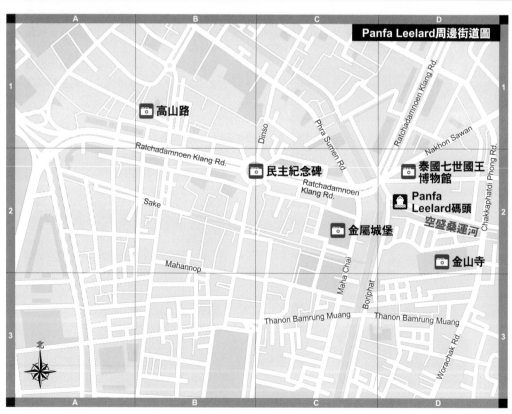

Panfa Leelard周邊街道圖

📷 高山路

Ratchadamnoen Klang Rd.

Dinso

Phra Sumen Rd.

Ratchadamnoen Kiang Rd.

Nakhon Sawan

📷 民主紀念碑

Ratchadamnoen Klang Rd.

📷 泰國七世國王博物館

🏛 Panfa Leelard碼頭

空盛桑運河

Chakkaphatdi Phong Rd.

Sake

📷 金屬城堡

📷 金山寺

Mahannop

Maha Chai

Boriphat

Thanon Bamrung Muang

Thanon Bamrung Muang

Worachak Rd.

北

居高臨下眺望市區

Wat Sa Ket / Golden Mount.
金山寺

DATA

http www.watsraket.com ✉344 Chakkraphat Diphong Road | Bang Bat, Pom Prap Sattru Phai, Bangkok ☎(02)223-4561 🕐18:00～22:00 ➡搭計程車前往，或髒船坐到最後一站Panfa Leelard碼頭，出碼頭左轉上橋過橋後直走3分鐘即達

　　金山寺是市區內唯一在小山之上的寺廟，可以登高望遠鳥瞰整個曼谷市區，非常的有意境。然而這個景點卻沒有地鐵可以到達，利用髒船最方便，下船之後就能看到一座橋，過橋往前走3分鐘就到金山寺囉！真是超方便的！不利用這條運河的遊客要到這裡只能靠計程車或嘟嘟車了。進入園區後往右邊走會先經過一些小廟宇，之後左手邊彌勒佛造景就是上金山寺的路囉，雖有318階卻其實一點都不陡也不會累，偶爾清風拂面還挺舒服的。

　　門口英文標示請勿脫鞋，但是大家應該都太習慣在泰國入寺廟要脫鞋，所以還是很多人脫了鞋子入內，門票雖然顯示10泰銖，但其實是隨喜樂捐的，並沒有人特別在收費或監看，寺廟中央是一座小型佛塔，四周另有多尊釋迦摩尼佛像可供參拜，有意思的是這裡的裝飾雕刻的是中國的12生肖喔！

　　這座廟裡供奉著佛祖舍利，每年泰曆12月15日的水燈節當地民眾喜愛來到這裡禮佛，是金山寺一年一度的盛典，從一側的小樓梯登上去樓頂平台，則是大型佛塔，據了解佛祖舍利就是珍藏於此內！

　　參訪完金山寺，可以步行到民主紀念碑與背包客天堂的高山路，請參考地圖，或是利用剛剛的運河快船回到市區。

1髒船坐到底站，過了這座橋就很近囉 **2**居高臨下遠眺曼谷市區景致 **3**塔頂的佛塔，內有佛祖舍利

獨家

世界僅存的金屬塔尖佛廟建築

遊賞去處

The Loha Prasat
金屬城堡

DATA

✉ Mahachai Road, Bowon Niwet, Phra Nakhon, Bangkok
📞 (02)224-8807 🕐 08:00～17:00 ➡ 搭計程車前往，或髒船坐到最後一站Panfa Leelard碼頭，出碼頭往前方大馬路走，路口左轉步行5分鐘即達

這座廟宇的造型實在太吸引人，這是我在曼谷唯一見到的金色塔頂佛廟，37根尖塔，最高處達36米，走到建築物的下方就被它高聳的金色塔尖群所震撼。世界上僅有3座此類金屬塔頂廟宇，分別在印度、斯里蘭卡與曼谷，另外2座都有2千年歷史，但是目前皆損毀，也就是說曼谷這座是世上僅存唯一的呢！1846年由拉瑪三世下令興建，直到六世時才完成，它仿造斯里蘭卡古式的佛廟建築設計，就連入內之後的感覺都有一些中東味道。很意外坊間似乎沒有旅遊書提及這個地方，太可惜了！這應該是曼谷廟宇中在建築結構上最特別的一個了，層層收攏的建築方式，越高處越收窄，頂層典藏著佛陀舍利子。內部一共有7層，樓梯在整個建築物的正中央，非常狹小的迴旋樓梯，你一定要上去感受一下。

曼谷的寺廟有一個神奇之處：即使天氣熱到令人難過，但是一進入廟宇殿堂內，就會有一種自然的涼意，使人心也跟著靜了下來。

1AR技術的虛擬實境竟然這裡有耶！(手持平板，螢幕上冒出金屬城堡在你手上) **2**小小的迴旋木梯層層收攏 **3**中央塔心供奉的佛陀舍利 **4**造型絕對突出的金屬城堡

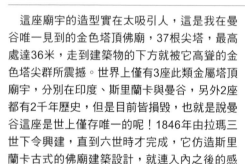

全球背包客在此匯聚
Khao San Road 高山路

DATA

➡ **1.**髒船坐到終點站步行20分鐘，或是嘟嘟車5分鐘 **2.**昭披耶河遊船搭到N13碼頭(Phra Arthit)，出站後搭計程車或嘟嘟車約10分鐘

李奧納多主演的經典電影《海灘》，一開場他就背著背包來到高山路，這是一條充斥著各類低價旅館、旅行社的街道，滿滿的都是外國背包客，這條路是他們的據點，利用旅行社玩轉曼谷或是轉進泰國其他旅遊城市。

因為高山路外國遊客多，所以旅行社也多，許多遊客特別跑到這裡買便宜的演出票券或是周邊一日遊的行程，不過David已經幫大家整理過同樣提供這些服務的線上平台(P.26)，因此，一般遊客其實沒有什麼必要特別跑來，畢竟交通不是很方便。

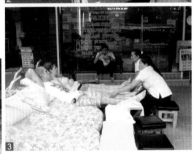

要說特色的話，高山路上製作假證件的小攤位算是一絕，從國際學生證到FBI證件他們都做耶……還有就是如果遇到潑水節，整個高山路就是一級戰區了，封街打水仗好不熱鬧！

1潑水節時高山路是玩得最瘋的 **2**什麼假證件這裡都能做 **3**整條街都是外國背包客，有點墾丁大街的味道 **4**高山路上小吃攤位多多

民主象徵地標建築
民主紀念碑

DATA

✉ Ratcha Damnoen Klang、Dinso Road路交匯處

這個民主紀念碑建於1932年，是為了紀念暹邏(泰國)由中央集權的帝王制轉為君主立憲制度，外觀的設計採用了「天使之翼」的概念，象徵泰國西化與民主的進程，經過的時候拍拍照就好，比較特別的是幾乎找不到任何角度可以很平衡的照下四根羽翼，你試試？

網紅之地

在地蒐羅

F B、IG、TikTok正夯，許多網美之地都是從社群平台開始紅起來，特別企畫兩頁最新的網紅拍照地點，其中部分已經可以利用曼谷地鐵新路線抵達，如果有興趣就跑一趟吧！

看妖嬈猛男吃海鮮

猛男海鮮

DATA

🌐 www.facebook.com/staneemeehoi ✉11 Prasert-Manukitch Rd, Lat Phrao, Bangkok ☎(08)1381-4227 🕐18:00～00:00 ➡可搭計程車前往，或地鐵黃線搭到Lat Phrao 71站，出站後搭計程車10分鐘可達

實在太多人上傳影片了！一大群有著鬍鬚腿毛的男人，卻穿著比基尼在你身旁妖嬌的扭臀熱舞，不時還會拋個媚眼或做些猥瑣動作，這間海鮮店就因此而紅遍全網！許多人指定要去這裡吃海鮮，就是為了親眼目睹這歡樂的氣氛，這些男服務員真的也很努力使出渾身解數來逗顧客開心，你會想嘗試看看嗎？

在古羅馬氛圍下品味咖啡

Davin Cafe

DATA

🌐 davincafethailand.com ✉108 Khlong Lam Chiak Rd, Khwaeng Nawamin, Khet Bueng Kum, Bangkok ☎(09)6890- 8491 🕐07:00～22:00 ➡可搭計程車前往，或地鐵黃線搭到Lat Phrao 71站，出站後搭計程車8分鐘可達

最新最夯網紅咖啡廳，外觀如同工業風斑駁的古羅馬建築，厚重的水泥、金屬、齒輪、風管、鐵件，卻與藝術雕像結合，營造出的環境令人震撼，這裡不僅是網美打卡適合而已，因為它們的咖啡、飲料也極有水準，店員更是男的帥女的美，值得為它跑一趟！

1飲料甜品也都是超高顏值 2佲大的場地與中央廚房，設計感十足

1海鮮還算是有水準 2面對搔首弄姿的男人吃著海鮮

這是一個有城堡壓陣的夜市

城堡夜市
Train Night Market DanNeramit

DATA

✉Phahon Yothin Rd, Chom Phon, Chatuchak, Bangkok ☎(09)870-98779 🕐16:00～00:00 ➡BTS搭到Ha Yaek Lat Phrao站，4號出口往北300公尺

　　曼谷的夜市多到爆，但他們總能搞出新花樣讓你不去不行！這裡過去曾經是遊樂園，廢棄後留下的城堡，如今變成夜市招牌！這個夜市也被稱為「喬德夜市2.0」因為它與Phra Ram 9站介紹的喬德夜市是同一組人企畫的。來到這裡除了城堡，還有古董車、熱氣球、聲光演出，吃的逛的更是豐富！非常適合遊客來打卡，不論是享用美食、購物還是拍照都超讚！

1光是這座城堡就值得你跑一趟 **2**夜市占地廣闊，後面還有大象大樓 **3**能逛能吃，就是價格稍高

更大更Local更復古風的在地夜市

席娜卡琳火車夜市

DATA

✉14 Srinakarin Rd, Nong Bon, Prawet, Bangkok ☎(08)182 75885 🕐週四～日17:00～01:00 ➡地鐵黃線搭到Suan Luang Rama 9站，出站就能看到入口

　　曼谷地鐵黃線的開通，最方便的一點就是前往席娜卡琳火車夜市變得超容易！這個占地廣大的夜市，特色是復古，不但有許多復古汽車、家具、老倉庫，還有大片的購物、美食區，非常好逛深，受當地民眾喜愛。只是它距離市區有段距離，過去非得搭計程車才能到，現在地鐵黃線開通，直接設站在夜市入口，這下來逛可方便囉！

4瞧！Suan Luang Rama 9站就在夜市入口處 **5**夜市裡好多復古汽車、家具 **6**要吃火山排骨這裡有得是

搭地鐵玩遍
曼谷

Bangkok

曼谷這個城市本身就魅力無窮，足夠讓遊客體驗多種不同的旅遊樂趣，但其實呢，在曼谷周邊車程3小時內還有很多非常棒的景點：像是位在美功(Mae Klong)的鐵道市場、安帕瓦水上市場、丹嫩莎朵水上市場；世界文化遺址的大城(Ayutthaya)；精采夜生活海濱的芭達雅(Pattaya)等。如果時間足夠不妨納入你的行程之中喔！

超有魅力的曼谷近郊小旅行

如何去這些地鐵到不了的地方？

自行前往曼谷周邊城市旅遊其實一點都不困難，善用曼谷的旅遊小巴士(Van)或是火車前往即可。自助經驗少又擔心語言不通的遊客，建議參加一日遊的團能更安心，David都整理好可掃碼查看。

大城

鐵道市場   ★ 曼谷

安帕瓦

芭達雅

沙美島

華欣

刺激的鐵道市場

世界文化遺址的大城

搭旅遊小巴士(Mini Van)或長途大巴

要到曼谷周邊城市旅遊，依前往方向的不同，要在曼谷三處巴士站搭車，每個巴士站都有Mini Van與長途巴士可以選擇。

● 往曼谷以北方向的景點(大城、北碧等)：洽圖洽巴士站(Chatuchak Bus Terminal)
● 往曼谷西南方向的景點(美功、安帕瓦、丹嫩沙朵、華欣等)：新南巴士站(Sai Tai Mai Bus Terminal)
● 往曼谷東南方向的景點(芭達雅、沙美島等)：東部巴士站(Ekkamai Bus Terminal)

前往巴士站的交通方式：

● Chatuchak Bus Terminal：BTS搭到Mo Chit站或MRT搭到Chatuchak Park站，出站後搭計程車前往
● Ekkamai Bus Terminal：BTS搭到Ekkamai站2號出口下即達(請見P.96)
● Sai Tai Mai Bus Terminal：相對要遠得多且沒有鄰近地鐵，請搭計程車前往

David的貼心提醒！

■ 購票後請詢問確認要搭乘哪一輛Van。

■ 請務必在到達當地後，詢問回程的售票和搭車處，以及最晚回曼谷的班車。

前往地點	特色景點	出發車站	車程	票價(單程)
Mae Klong美功	鐵道市場	Sai Tai Mai大巴站、Ekkamai大巴站	約1.5小時	100泰銖
Amphawa安帕瓦	水上市集	Sai Tai Mai大巴站	約2小時	80泰銖
Damnoen Saduak丹嫩沙朵	水上市集	Sai Tai Mai大巴站	約1.5小時	90泰銖
Hua Hin 華欣	皇家度假	Sai Tai Mai大巴站、Ekkamai大巴站	約3小時	180泰銖
Ayutthaya大城	歷史遺址	Chatuchak大巴站	約1.5小時	60泰銖
Pattaya芭達雅	旅遊海濱	Ekkamai大巴站	約2小時	130泰銖
Koh Samet 沙美島	白沙海灘	Ekkamai大巴站	約4小時	200泰銖

※票價可能更動，以現場販售價格為準

安帕瓦水上市場

擁有細白沙灘的沙美島

鐵道市場

不可思議之
擺攤擺到鐵軌上

火車停靠月台期間
可以去拍照。

說到這個「鐵道市場」，其實是位在一個叫做「Mae Klong」小小火車站附近的特殊景觀，當地居民沿著火車鐵道擺攤，平時根本看不出來它是在鐵道上，當火車快要經過時，店家迅速地收攤，火車以不到20公分的近距離貼著攤位而過，當火車駛離，店家又超迅速地回復原狀，這一切就在短短的3、5分鐘內發生完畢。由於網路上瘋傳的影片使它大大出名，看過的人都想要親眼目睹這神奇的畫面！

▌DATA

◐ 搭計程車前往新南巴士站(Sai Tai Mai Bus Terminal)或BTS搭到Ekkamai大巴站，搭乘前往Mae Klong的車。推薦在Ekkamai搭乘976 mini van。

火車快來了，
大家各就各位！

兩點半了，火車怎麼還不來？ >﹏<

你得要習慣泰國火車誤點是很常見的。當你發現攤販們開始有些動作了，就表示火車真的要來了，終究他們才是真行家，趕緊站好位置，準備拍照、體驗。感覺這一切來的太快，才那麼一個瞬間剛剛看到的市場就突然消失了！這是劉謙的魔術嗎？

「嘟～～～」在火車的汽笛聲，列車緩緩的駛過，我的媽呀！真的超近的！感覺好像就要被火車削到了一樣，真是刺激！視覺與感官都獲得滿足，如果你是看從Laem開過來的列車，這段時間也可以去火車站晃一下，剛剛的列車會在這裡停10～30分鐘，可以去跟列車拍拍照，有時間就等它再出發，再感覺一次鐵道市場驚人的畫面！

David的貼心提醒！

這個景點的注意事項就是「列車時刻表」！因為這一站的火車其實是來回於Ban Laem、Mae Klong兩站之間，每天只有4個班次(08:30、11:10、14:30、17:40)，錯過就沒得看了！下車時記得詢問返程的乘車處。

■ 鐵道市場距離安帕瓦水上市場非常近，建議一併參觀。在7-11門口搭乘雙條車10泰銖，坐15分鐘就到囉！

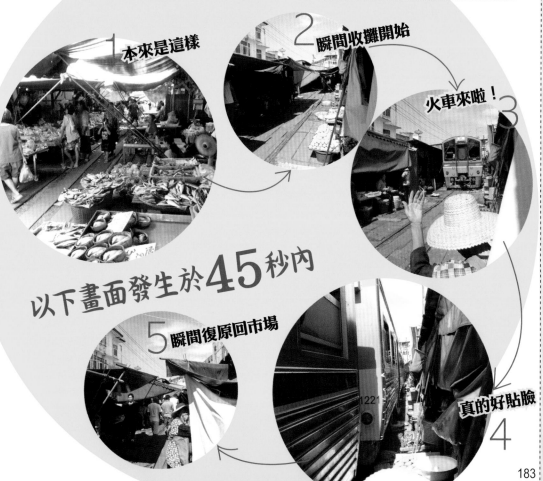

1 本來是這樣

2 瞬間收攤開始

火車來啦！ 3

以下畫面發生於45秒內

5 瞬間復原回市場

真的好貼臉 4

安帕瓦
水上市場
Amphawa

與螢火蟲共舞的
水上人家

　　其實，泰國水上市場有很多個，其中又以丹嫩莎朵水上市場(Damnoen Saduak Floating Market)最為出名，但是出名也意味著商業化與不自然，所以，我介紹另外一個水上市場給各位，那就是「安帕瓦水上市場」，這樣安排當然是有原因的，從鐵道市場到安帕瓦水上市場大約只要15分鐘車程，大大省去你舟車勞頓的辛苦，而且，到達的時間是黃昏時分，傍晚剛好進行「螢火蟲之旅」！

DATA
➡搭計程車前往新南巴士站(Sai Tai Mai Bus Terminal)或Ekkamai大巴站，搭乘前往Amphawa的車 (大廳內有個976牌子的攤位就是購票處，下車時記得詢問返程的乘車處)

賣海鮮的
水上攤販

嘗海鮮，賞螢火蟲

看看大家沿著河道排排坐，店家在水上炭烤海鮮，價格非常的便宜，但是還是要提醒你一下：如果你不小心看到海鮮店家把抹布放進河水裡洗一洗然後去擦切菜的砧板，也請別見怪，哈哈，這就是當地的生活方式啊！腸胃不好的朋友就別試了！

海鮮價格都不貴

天黑前找個船家，一個人大約70～100泰銖，約好出發時間(大約7點前來集合上船)。船會越開越遠，進入湄公河大河道，黑暗之中只有星光與船隻的馬達聲，這時候船上有人驚呼「看到了！在那棵樹上！」

哇！有幾個樹就像是聖誕樹的裝飾一樣，一閃一閃地發出微微的螢光！這一路上會有多次機會看到螢火蟲，很偶爾的機會還可能飛到船邊喔！

入夜的安帕瓦另有一番美景

丹嫩莎朵
水上市場

Damnoen Saduak Floating Market

搭上船我們出發囉！

　　丹嫩莎朵水上市場才是最早出名的景點，國外的媒體以「東方威尼斯」來形容它，這個水上市場的特色就是你是搭著船逛市場！當地民眾在眾多交錯的水道之間做生意，除了河岸兩側的店家之外，許多的小販也是搖著船進行銷售，不可思議的體驗因此大受遊客喜愛。

DATA

●搭計程車前往新南巴士站(Sai Tai Mai Bus Terminal)，再搭乘前往Damnoen Saduak Floating Market的車(下車時記得詢問返程的乘車處)。建議直接參與曼谷出發的一日遊行程

原則上丹嫩莎朵水上市場屬於早市，因此上午才會比較熱鬧，由船夫沿著水路帶你遊歷，過程中如果看到有興趣的店家，可以請求船夫搖過去交易，相當的有趣。到了最熱鬧的時段還會「塞船」，河道上擠滿船隻，看船夫的技術進進退退也是一絕。

原則上一條船的價格約1,200～2,000泰銖不等，或是以一人200泰銖的金額跟大家共乘。可惜的是這個景點近年過於商業化，因此亂喊價的情況嚴重，自行搭乘Mini Van或包車前往都會被帶到報價高的船家去，衍生許多爭議，因此，這個景點建議直接參加曼谷出發的一日遊程(可參考P.27)，直接搞定來回交通與船隻，可免花時間周旋與被騙。

David的貼心提醒！

這裡購物要大大的殺價，至少2～5折。

從曼谷過去，車程約1.5～2小時，記得先上廁所。

兩側以販售紀念品為主，一定要殺價。

阿婆的米粉湯超好吃，必試！

大城

Ayutthaya

最大的室外臥佛
(羅卡雅蘇塔寺Wat Lokayasuthara)

　　距離曼谷北部約100公里的大城(Ayutthaya)是最讓我喜愛的周邊城市，大城王國又稱阿育陀耶王朝，持續時間長達417年，歷經5個朝代、33位國王，曾經是中南半島上的強權王國，先後發動戰爭征服過高棉王國(Khmer)、素可泰王國(Sukhothai)、攻陷吳哥(Angkor)等等。王朝末年面臨了來自緬甸王國的攻擊，最終在1767年大城淪陷，緬甸軍隊大肆破壞大城建築與佛像，現在我們所看到的大城，遺留下來的盡是破壞後的遺跡與殘缺的佛像。在1991年12月被聯合國教科文組織正式列為世界級文化遺址。

DATA

◉搭計程車前往洽圖洽巴士站(Chatuchak Bus Terminal)，搭乘前往Ayutthaya的車；或是由Krung Thep Aphiwat站搭火車去，票價20～345泰銖

大城遺址之美號稱小吳哥窟
(崖瓦塔納藍寺Wat Chai Watthanaram)

David的貼心提醒！

租台摩托車是最
方便的移動工具

大城有觀光價值的景點有20個上下。別貪心，選五六個就夠你花掉一天了！

整個大城的景點基本上都是暴露於陽光下，一定要做好防曬工作！

不建議「騎腳踏車遊城」。看似浪漫卻累到死人，曝曬指數大增，移動速度又慢，能參觀的景點會大減。

要租機車的人記得，出國前要辦好國際駕照，旅行當天要帶護照；租車時記得拿一份地圖。

大城市中心街道圖

拉嘉布拉那寺
Wat Ratchaburana

MINIVAN乘車處

大城火車站

四方塔

涅槃寺
Wat Lokayasutharam

瑪哈泰寺
Wat Mahathat

帕席桑碧寺
Wat Phra Si Sanphet

帕蒙空博碧寺
Wihan Phra Mongkhon Bophit

崖差蒙空寺
Wat Yai Chaiyamongkho

柴瓦塔那蘭寺
Wat Chai Watthanaram

Sala Ayutthaya

北

David的玩法建議！

普通車很熱
但是很有味道！

　　早上到Krung Thep Aphiwat站(MRT地鐵搭到Bang Sue站，有連通道前往火車站)購買前往大城的火車票(依車種不同，票價15～345泰銖)，體驗泰國的火車1.5小時左右抵達大城火車站。

　　一出站就有許多嘟嘟車與租機車的地方，人數多就直接談嘟嘟車，公定價格為一小時200～300泰銖，約定價格與時間(如：4小時)，跟司機談好要去哪幾個景點。

　　完成旅程後請司機送你到地圖上搭MiniVan的地點，搭乘小巴士回曼谷(60泰銖)，這樣的設計能體驗到最多樂趣也比較不累唷！至於想要探索的遊客，就租台摩托車出發吧！

大城的嘟嘟車
那漆繪得很有個性！

全泰國最大的室外臥佛

Wat Lokayasutharam
涅槃寺

DATA

💲免費參觀 🅜P.189 / B2

長28公尺，高5公尺，真的相當有氣勢。我在暑假時來到這裡，見到的是原始狀態的臥佛，如果是特殊節慶或日子，會幫佛祖身披黃紗。根據現場的英文說明，這尊的臥佛的歷史不詳，從結構看應屬於大城王朝早期作品，同時在1954年經過整修，讓整體臥佛的風格更加莊嚴。

其實在不遠處還有一座「四方塔」，這是可以爬上去的，其造型不曾在任何其他地方見識過，相當特別，經過時可以順遊。

■1造型少見的四方塔 ■2泰國最大的室外臥佛氣勢非凡

大城最古老的建築之一

Wat Yai Chaiyamongkho
崖差蒙空寺

DATA

💲門票20泰銖 🅜P.189 / D2

崖差蒙空寺(Wat Yai Chaiyamongkho)在大城的寺廟遺址中的地位很高，因為它是大城最古老的建築之一，建於西元1357年，其年代可以推衍到大城王朝的第一位國王烏通王，這座崖差蒙空寺是他在戰勝緬甸軍隊之後，為紀念此役而建。

主塔的特色之一就是能夠爬上去，進到內部參觀，你會見到的是塔內中央有一個深入底層的天井，如果凌空丟下一個銅板能落到底部的器皿，願望就會實現。此外，寺廟還有一尊室外的臥佛，這裡有這麼一個說法：如果向臥佛祈求願望，就可以在大佛的腳底試著擺放銅板，若是銅板能夠黏在腳底，就表示心願會實現！

最後，要去一個奇景，它就在主殿入口走道附近，一座小小的佛龕，它之所以知名是因為裡面有「小叮噹」！但這其實信眾拿來還願的東西啦！因為據說這尊神明會保護照顧小朋友，所以遇到小朋友不好管教或是生病等等就會來請這位神明幫忙照顧囉！

■1崖差蒙空寺莊嚴宏偉，中央可以走上去 ■2這個佛龕中的小叮噹非常醒目 ■3這裡的室外臥佛，如果銅板能放在佛陀腳下不掉，願望就能實現！

190

畫面感最強,攝影師的最愛

Wat Chai Watthanaram
柴瓦塔娜蘭寺

DATA
💲門票50泰銖 🅼ᴬᴾ P.189 / A3

柴瓦塔娜蘭寺建於1630年,是巴薩通王(Prasat Thong)為了紀念居住在該區域的母親而下令興建,建築形式為高棉風格,其建築中央有一主塔,環繞4座副塔,外圍再有8座小塔,共13座高聳的尖塔構成了壯闊的畫面,是所有攝影愛好者喜愛的拍攝地點。

柴瓦塔娜蘭寺的占地遼闊,從外圍經過就能一睹其風采,其實時間不夠的遊客從場外也就可以拍下壯麗的照片了。2012年的百年大洪水,整個柴瓦塔娜蘭寺被泡在一個人高的水中,紅磚上還能看到清晰的水漬痕跡。

占地廣大的露天古蹟建築群

大城排名第一的設計精品酒店

Sala Ayutthaya

DATA
✉9/2 Moo 4, U-Thong Road, Pratu Chai Phra Nakhon Si Ayutthaya 📞 (035)242-588 💲平均消費:6,000泰銖 💡如果預算不夠住這裡,來河畔餐廳用個浪漫的晚餐也不賴 🅼ᴬᴾ P.189 / B3

大城的景點如果想要通通拿下,最好是停留一晚。只是大城在住宿方面其實選擇真的不太多。不過,其中有這麼一家「Sala Ayutthuya」是被喻為大城最棒最有設計感的精品酒店!

整個旅店就正對著對岸的Wat Phutthaisawan,到了晚上打燈更美!房間內部配置了超大的床,非常舒適好睡。設計上用不雕飾的水泥地板,背景牆延續了紅磚設計,床頭有金漆的老虎圖像,整體簡單中透露出設計感。洗澡的空間則利用大片的透明玻璃,讓空間的通透感更強烈,原木質地的層架再度製造了切割感。這裡的空間結構、建材的混搭利用、燈光配置、畫面構成等等,都是美到令人想要一直拍照,照片打卡也絕對會羨慕死朋友!

1純白色的造型泳池很好拍 2紅磚設計 3房間內部延續了極簡的風格

泰國七大奇觀之一

遊賞去處

Wat Mahathat
瑪哈泰寺

DATA

💲門票50泰銖 🅼P.189 / C2

因為一個「樹根盤佛頭」(樹中佛)而聞名於世，泰國七大奇觀之一，稱得上是大城必看景點之一。也因此所有的旅遊團都一定會帶到這個景點，它同時也是大城最古老的一間廟宇，興建於1374年。

主要建築風格為高棉式塔身，進入景區內給人一種來到柬埔寨的感覺，不過因為1767年緬甸軍隊攻陷大城後的打劫焚燒，整個區域內幾乎沒有一尊完好的佛像，沿著石磚牆邊原來該是整列莊嚴的佛像，如今卻都是缺失頭手的情況，也可見當時大城淪陷後文物遭受破壞的慘烈程度。

1泰國七大奇觀之一的樹中佛頭 **2**所有的佛像無一倖免
3斷垣殘壁足見當年戰事之慘烈

密室藏著泰國最古老的壁畫

遊賞去處

Wat Ratchaburana
拉嘉布拉那寺

DATA

💲門票50泰銖 🅼P.189 / C1

最受遊客關注的還是那壯觀的主塔，光是那外觀的細節就非常的精緻，不論是佛像或是獸身造型雕刻都突顯了良好的工藝技法。同時由於這是放置因他拉洽提洛王的骨灰處，因此內部原來留有大量文物珠寶陪葬品，直到1957年被盜墓者挖掘，引起泰國文化當局重視，其後陸陸續續又發掘了更多文物，現皆典藏於趙衫帕雅國立博物館(Chao Sam Phraya National Museum)內。

塔內有一條僅能容一人的樓梯，往下進入塔心，從這裡下去到底會發現一小小的密室，內有著全泰國最古老的壁畫。

1造型雄偉突出的主塔 **2**可以進入主塔內，有個密室

吸引攝影愛好者的取景地

Wat Phra Si Samphet
帕席桑碧寺

DATA

🕐 週一～五09:00～16:30，週六、日~19:00 💲 門票50泰銖 🅜P.189／B2

David的貼心提醒！

此處會晚上打燈相當的美，有準備在大城停留一天的人可以夜晚來此。

位於古皇宮遺址內，有著三座建於十五世紀的灰白色錫蘭式佛塔，這三座宛如金鐘造型的塔身，分別存放著三位大城國王的骨灰，外圍的小型塔座則存放著貴族的骨灰，此處稱得上是皇家陵墓。這座位在皇宮內的寺廟其意義上與曼谷大皇宮內的玉佛寺地位相當。這三座佛塔有著渾厚的基底，環狀層層漸收的造型是大城古建築的典範，更是攝影愛好者取景的優選。

其實這裡過去有一座高16公尺並包裹了重達250公斤黃金的大佛，可惜在當年緬甸軍隊入侵之時毀於一旦，黃金也被融化帶走，如今能夠見到的僅有斷垣殘壁與無限的遺憾。不過遊客沿著帕席桑碧寺四周參觀仍能感受到昔日壯闊的占地，遙想當年王朝強盛之際的盛況。

1 又遇到當地學生採訪外國遊客(我被訪問好多次囉) **2** 三座錫蘭式佛塔莊嚴而隆重

特殊的金字造型

Wihan Phra Mongkhon Bophit
帕蒙空博碧寺

DATA

🕐 週一～五09:00～16:30，週六、日09:00～17:30
💲 免費參觀 🅜P.189／B2

帕蒙空博碧寺有著壯觀的紅頂白牆造型，其中屋頂的檐層層下落，形成了一種類金字塔的造型感。

始建於1357年，寺裡供奉的佛像原來是十五世紀時的青銅坐佛，這也是泰國最大的佛像之一，在經歷數次的修復過程中，意外的發現此佛像的內部竟藏有數以百計的小型佛像，從此聲名大噪吸引無數信徒膜拜。相較於周邊其他的寺廟遺址，帕蒙空博碧寺顯得新穎的多，

較其他寺廟新穎的帕蒙空博碧寺

形成了視覺上強烈的對比，既有豐富的歷史背景，亦有現今恢弘的建築本體。

沙美島

遠離城市 享受海島風情

Koh Samet

　　沙美島距離曼谷約3.5～4小時車程，距離曼谷不算遠，它擁有美麗的海景、天然的沙灘、精采的火舞表演，因此受到泰國民眾喜愛，相對比較少的外來遊客，是近年受到追捧的熱門景點。

　　前往沙美島一定要住宿，才能更輕鬆的享受島上的美景與悠閒，租台摩托車就能把整個島走一圈，體驗陽光沙灘與大海的美。

DATA

➡因為是離島，所以交通上分為兩段：先搭車再搭船。路上交通的部分，要先抵達「BANPHE」這個地方，然後再搭船去沙美島 ①1.沙美島要收20泰銖的港口維持費用及200泰銖的入島費，收費地點在碼頭或是公園入口，取得收據要保留好備查／2.因為要轉船，所以帶大行李不方便，建議可以把行李寄放在曼谷

Na Dan 碼頭

主街道

Ao Phrao

Sai Kaew Beach
最熱鬧的海灘，火舞表演

Ao Phai

Ao Wongduan
島上第二長的沙灘

夕陽景觀點

Ao Wai

Ao Kio

圖解交通 Step by Step

搭乘BTS空鐵到Ekamai站的東部巴士站(P.96)，13號窗口銷售來回Mini Van加來回船票，價格700～800泰銖。

小巴士會停在NUANTHIP碼頭，已經有船票就可以等船，沒有船票可現場購買大船70、快船200泰銖。

搭乘遊船前往沙美島，船程大約30分鐘，抵達Na Dan碼頭。

上島之後，搭乘島上的交通工具：雙條車，價格約20～40泰銖，告訴司機你住的飯店即可。

沙美島怎麼玩？

沙美島並不大，而且全島基本就一條道路，所以最佳的方式就是租台摩托車來跑景點，沿著主要道路騎，一路上會有叉路分別前往不同的海灘，轉進去欣賞完再回到主線道，又可以繼續衝下一個景點囉～以下是不可錯過的內容：

在海邊吹著海風發呆，或是跳進海水裡享受一下熱帶島嶼海洋的熱情。

晚上在最熱鬧的Sai Kaew Beach吃海鮮大餐，然後找一家沙灘酒吧，聽著海浪聲圖個微醺並欣賞火舞的表演！

芭達雅
Pattaya

真理寺

海邊踏沙觀浪，
或是騎手曬太陽都是芭達雅日常

芭達雅是泰國知名的度假勝地，距離曼谷約165公里，只要2小時車程就能抵達，因此許多遊客來到泰國會將曼谷、芭達雅都安排一起玩，這樣等於城市、海邊兩種樂趣可以一趟滿足！來到芭達雅，白天可以去海邊看海踏沙、參加刺激的香蕉船、拖曳傘，下午找個海景網美餐廳用餐吃下午茶，晚上逛逛夜市也見識全世界最夯的夜生活，絕對能讓你大開眼界！

芭達雅市中心街道圖

眞理寺

往北線

North Pattaya
Bus Terminal

Tiffany's Show
One Patio Hotel

Terminal 21

飛機夜市

南向環線　北向環線

Walking Street

往南線

The Sky Gallery

Jomtien
Bus Station

北

DATA

從市區出發：遊客可以搭BTS空鐵到伊卡邁站(Ekkamai)的Eastern Bus Terminal (P.96)，有好幾個窗口都有賣往芭達雅的車票，差別是大巴士或小巴(Mini Van)，推薦搭乘大巴士比較安全(28號購票窗口)，票價131泰銖。抵達停靠處是「芭達雅北巴士站」(North Pattaya Bus Terminal)。

從機場出發：目前只有蘇汪納蓬機場有前往芭達雅的巴士，售票位置在機場1樓，7、8號門之間，每小時一班車，票價143泰銖。抵達停靠處是「中天巴士站」(Jomtien Bus Station)。

在地利用雙條車：在芭達雅要移動就靠雙條車，如照片中的形式，它沒有固定的停靠站，隨招隨停，跳上去就對了！到了要下車的地方按鈴即停，下車後再走到司機旁邊給錢，單一票價一律10泰銖。

路線原則上就是3種：1.環狀線，沿著Beach路、Pattaya Sai Song路繞圈；2.往北線；3.往南線。

芭達雅北巴士站是往返曼谷的重要交通據點　　芭達雅最主要的交通工具雙條車

對藝術的堅持成就經典

遊賞去處

真理寺

掃碼真理寺優惠訂票

DATA

✉206/2 Moo 5, Pattaya-Naklua Road, Banglamung, Chonburi ☎(03)811-0653 ◉週日～二08:00～18:00；週五、六08:00～20:30 💲500泰銖 ◐利用Grab、Bolt叫計程車，或是路邊找雙條車談價

它的英文名稱The Sanctuary of Truth，所以被叫做真理寺。但它其實不是廟，而是一件藝術品，過去有人稱它為「木雕之城」反而更貼切！

真理寺的主人是一位當地的有錢人，早在1981年就開始興建，到現在已經超過40年！有錢人過世後由兒子繼續這個夢想，要一直建到滿意為止，所以即使是現在，它都還是個進行中的工程項目。

整棟建築主體以170根巨木作為主幹，採用紅木、柚木打造，利用傳統工藝的木隼銜接技術，號稱不用半根釘子打造。19根巨大原木作為整個建築的主結構，那高聳入雲的挑高大堂，身處其中讓人感到自身的渺小，圓頂處同樣是複雜的木作工藝，眼睛能看到的每一處都是都是藝術，這個令人震撼的建築奇蹟與它背後代表的堅持，雖然已經歷40年打磨，但我想永遠不會有休止的一天。

1氣勢恢弘的真理寺，親眼看見真的超震撼 **2**完全木雕不用鉚釘，凸顯工藝之美 **3 4**每一處都是木雕藝術

197

遊賞去處
夜市裡有飛機，在機下逛街吃東西
飛機夜市
DATA
✉ Pattaya SaiSong Road與Pattaya Soi 6路口處
🕐 16:00～23:00

在Pattaya Sai Song路上的一片空地，赫然停著一架飛機！這裡到了晚上就會有大量攤位圍著飛機擺攤，各式各樣的小吃攤位，繞一圈把喜歡的挨家點齊，最後坐在飛機下大快朵頤！這就是最簡單的幸福。

購物血拼
最有特色航站樓百貨開到Pattaya了
Terminal 21
DATA
✉ Pattaya City, Bang Lamung District, Chonburi
📞 (03)307-9777 🕐 11:00～23:00

曼谷最有設計感的百貨商城Terminal 21，在PATTAYA也有囉！除了延續航站樓的設計，有著各國主題的樓層裝飾之外，同樣也將最划算的美食街帶來，如果想要省預算用餐，這裡會是好選擇！在戶外部分則是有著一架大飛機，飛機下方有市集可以逛，錯過了曼谷Terminal 21的遊客，千萬不要錯過PATTAYA的囉！

旅館住宿
推薦方便前往各景點的飯店
One Patio Hotel
DATA
✉ 464, 59 Pattaya Sai Song Rd, Pattaya City, Bang Lamung District, Chon Buri 📞 (03)819-9326 💲 3,000～4,500泰銖

旅遊勝地的芭達雅，飯店數量自然也是多到爆炸，但大部分貼近海岸線的飯店距離市區都比較遠，David推薦這間One Patio Hotel主因就是位置方便！就在Tiffany's Show劇場旁邊，Terminal 21 PATTAYA就在斜對面，飯店正前方有韓國街、夜市，可說在步行範圍內就能搞定芭達雅之旅的大部分內容！

飯店本身設備算新穎，房間也寬敞，房間圍繞著一個中庭泳池設立，這座泳池的使用率很高，隨時可以看到住客泡水、拍照，最重要的是它的價格相當的合理，3000泰銖左右就能入住位置這麼方便的飯店，推薦給大家參考選擇！

1 飯店圍繞著中央網美泳池，那怕只是泡泡水拍拍照都愜意 2 房間寬敞面對泳池很有意境

休閒娛樂

泰國人妖秀天花板，世界級演出

Tiffany's Show

DATA

✉464 Moo 9, Pattaya 2nd Road, Nongprue, Banglamung, Chonburi ☎(03)842-1700 ⏰每天三場：18:00、19:30、21:00 💰1,000～2,600泰銖

1️⃣Tiffany's Show擁有自己的劇院，不愧是世界級的演出 2️⃣Miss Tiffany選拔出來的冠軍也會登場演出 3️⃣所有的服裝、配件、道具設計都極有質感
(以上圖片提供 / Tiffany's Show)

Tiffany's Show成立於1974年，不但擁有悠久的歷史，更是泰國人妖秀的始祖，經過多年的發展，已經成為世界級的領導品牌，演出內容更被喻為「全球十大最佳演出」之一，如果來到芭達雅，錯過這個演出真的太可惜了！

有別於傳統人妖秀的演出，Tiffany's Show完全走出好萊塢等級的高度，燈光、音響、舞蹈、美術、舞台設計、音樂版權等都領先一大截，品牌經營享譽全球，每年還舉辦全球性的「Miss Tiffany」選拔，參賽者也能在劇場相關的領域獲得進修、工作的機會，其對於跨性別族群的關注，是成功的重要因素。

在演出內容方面，你將見識到如同大型劇場演出般的舞台設計，所有道具的精緻程度、多媒體設施的聲光效果、搭配絕美的人妖演出，又以中韓日越印美等多國元素舞蹈呈現，確實將人妖秀帶到了全新的高度！

遊賞去處

見識東南亞最熱鬧的夜生活街區

Walking Street

DATA

✉Walking Street Pattaya Pattaya City, Bang Lamung District, Chonburi ⏰18:00～00:00

1️⃣海濱路往南走就會抵達Walking Street 2️⃣兩側都是gogobar(脫衣酒吧) 3️⃣燈紅酒綠、紙醉金迷就是這裡的氣氛

所有來到芭達雅的遊客，晚上就是往Walking Street跑，這條約600公尺長的街道，入夜之後才開始熱鬧，兩旁的gogobar、特色酒吧、餐廳紛紛開業，路上也有街頭藝人演出，老外在這裡買醉尋歡，鶯鶯燕燕的女孩們穿著比基尼在路上攬客，芭達雅的夜生活現在才要開始！由於芭達雅也是東南亞最大的紅燈區，情色交易在所難免，女性遊客記得結伴而行，男性遊客也別忘了拿捏分寸。

搭地鐵玩遍
曼谷

Bangkok

曼谷住宿推薦

此篇介紹一些David推薦的旅館,從背包客、預算玩家到貴婦享樂型的都有,要注意的是,曼谷的旅館實在太多太多了,每一家都在水準之上,真的不用擔心在住宿上吃了虧,曼谷旅館的CP值是出了名的高啊!

昭批耶河河畔住宿

Ramada Plaza by Wyndham Bangkok Menam Riverside

推薦指數：★★★★
推薦理由：水岸第一排、CP值高、免費接駁船

DATA

✉2074 Charoenkrung Road, Bangkok ☎(02)688-1000 $平均房價：3,500～6,000泰銖 ➡BTS空鐵沙潘塔克辛站搭乘酒店接駁船

　　難得來到曼谷一趟，如果能在美麗的昭批耶河畔住上一晚，欣賞無敵水岸景觀會是很棒的體驗！送上一間水岸第一排CP值很高的酒店，讓大家可以解開水岸住宿的心結。整體來說這間華美達廣場酒店，雖然有點年代，但是維護得不錯，而且在價格上相對要親民的多，可以滿足預算有限卻希望住在河岸第一排的遊客，加上超方便的接駁船與鄰近Asiatique河畔夜市的地理位置，我會推薦給大家考慮在行程組合中喔！

1 搭乘酒店免費接駁船很方便 2 窗外就是河畔夜市，你看多方便 3 帶有峇里島風情的泳池

Riva Surya Bangkok

推薦指數：★★★★
推薦理由：河岸第一排、鄰近高山路、高質感設計

DATA

🌐goo.gl/bbdNvq ✉23 Phra Arthit Road,Phra Nakhon, Bangkok ☎(02)633-5000 ➡帶著行李建議直接搭乘計程車前往。要出入時旁邊就是N13碼頭

　　這間河畔酒店相對比較遠，但卻是非常受到歡迎，在訂房網站持續9.3高分，想要訂房還得趁早呢！一方面擁有星級酒店的規格與標準，另一方面又擁有面對昭批耶河的景觀位置，加上旁邊就是N13遊船碼頭，善用遊船完全可以安排出充滿特色的行程內容！這區鄰近背包客天堂的考山路，外國遊客特別多，不論任何時刻都很熱鬧！晚上逛夜市、按摩、泡酒吧都很讚，累了就回酒店攤在陽台，吹吹風看看河景，多麼愜意！

1 強烈推薦選擇河景房 2 早餐也可以在戶外河畔享用喔 3 泳池就在河畔同樣大受歡迎

特色星級酒店推薦

會讓你WOW出來的設計酒店　MAP P.113／A3
W Bangkok Hotel

推薦指數：★★★★
推薦理由：知名品牌、近地鐵、創意設計

DATA

http reurl.cc/5lMRpy ✉106 North Sathorn Rd., Silom, Bangrak, Bangkok ☎(02)344-4000 💲4,500～12,000泰銖 ➡Chong Nonsi站1號出口天橋進入Sathorn Square大廈，依指標走可直接穿越到達

W Hotel大概不用解釋大家都懂得，號稱會讓你不斷的WOW的驚喜設計，已經成為全世界最受歡迎的連鎖設計酒店，而曼谷的W Hotel價格是最划算的，既然來到曼谷怎能不讓自己WOW一次呢？

為房客提供特別小驚喜，從小禮物到小點心都讓人覺得有夠貼心，大廳的WOO BAR每晚有DJ駐場，配上特調的雞尾酒，享受一個微醺的

■1燈光下的泳池美不勝收 ■2房間風格充滿年輕氣息
(以上照片提供：W Bangkok Hotel)

曼谷夜吧！年輕化的品牌與處處驚喜設計，讓W Hotel成為所有小資女孩指定必住的酒店。

直接住進曼谷第一高樓裡　MAP P.113／A3
The Standard, Bangkok Mahanakhon

推薦指數：★★★
推薦理由：曼谷第一高樓、絕美設計、高樓景觀

DATA

✉114 Naradhiwas Rajanagarindra Rd, Silom, Bang Rak, Bangkok ☎+66 2085 8888 💲7,000～25,000泰銖 ➡BTS席隆線Chong Nonsi站1號出口

The Standard酒店搶到曼谷第一高樓內的絕對話題位置，特別請到西班牙鬼才設計師Jaime Hayon規畫內裝，你會見到完全跳脫傳統酒店的風格，活潑、繽紛、圓角，就連餐廳的地板都用銅板拼貼出來！來到這裡每一個角落都是拍照打卡的好位置，住客還能直接獲得前往第一高樓景

■1房間不大卻都擁有無敵窗景 ■2市中心區的高空露天泳池
■3大堂設計像是活潑的網美咖啡店

觀台的票券，雖然房間整體偏小巧，但依舊是小資女生欲罷不能的第一優選！

VIE Hotel Bangkok

推薦指數：★★★
推薦理由：地鐵旁、近中心鬧區、設施高級

DATA

🌐www.viehotelbangkok.com ✉117-39 Phaya Thai Rd., Ratchathewi, Bangkok 📞(02)309-3939 💲3,500～6,000泰銖 ➡BTS蘇坤蔚線Ratchathewi站3號出口下，直行10公尺即達

　　這家旅館位在BTS空鐵Ratchathewi站附近，相當的方便，是法國旅館集團Accor旗下旅館之一，更是該品牌M Gallery系列在亞洲開幕的第一家，由著名的巴黎J+H Boiffils建築設計事務所規畫，充滿藝術氣息的設計，讓人從一進旅館就感受到滿滿的高尚風。

　　進到房間更令人開心，超厚床墊讓人躺下一整個不想起身，整體環境舒適自在，吸引許多回頭客。特別值得一提的是這裡的SPA與泰國最知名的ORGANIKA品牌合作，特製的精油蠟燭融化後由技師按摩塗抹，讓身體慢慢吸收，有夠舒服！

1 舒適的空間吸引許多回頭客 **2 3** 他們家的泳池很出名 (以上照片提供：VIE Hotel Bangkok)

Hyatt Regency Bangkok Sukhumvit

推薦指數：★★★
推薦理由：近地鐵、設施新穎、空中酒吧

DATA

✉1 Sukhumvit Soi 13 Rd, Khlong Toei Nuea, Khet Watthana, Bangkok 📞(02)098-1234 💲5,000～12,000泰銖 ➡BTS空鐵那那站3號出口方向，走空中步道可以直達

　　這是凱悅在曼谷最新開幕的酒店，選址在夜生活最熱鬧的那那站(NaNa)，步行到阿索卡站(Asok)也很近，在位置上擁有很大的優勢。全新開幕意味著擁有最新穎的設備，加上凱悅全球口碑的服務內容，會讓你擁有很棒的入住體驗。

　　一進到酒店就會覺得很有特色，在設計上結合了泰式元素與現代感，房間的空間與酒店的各項細節都很突出，特別值得提醒的是不要錯過樓上的空中酒吧！有特色的環境與現場演出，讓你的曼谷之旅有特殊的回憶。

1 室內空間寬廣而且非常新穎 **2** 半空中的泳池也是特色之一 **3** 樓頂的空中酒吧也不能錯過 (以上照片提供：Hyatt Regency Bangkok Sukhumvit)

2023新開幕高顏值酒店　P.134

dusitD2 Samyan

推薦指數：★★★
推薦理由：全新開幕、網美好拍

DATA

✉333 Si Phraya Rd, Si Phraya, Bang Rak, Bangkok
☎+66 2211 3333 💲3,500～5,500泰銖 ➡MRT線
Sam Yan站1號出口，步行約8分鐘

Dusit是一個源自泰國的酒店品牌，旗下有6個品牌、300家酒店遍及14國。而最新的dusitD2 Samyan，選址於Sam Yan站附近，價位僅3,000多泰銖起，就能入住全新酒店，酒店外觀高聳且以階梯造型規畫，在附近看起來特別顯眼，房間採現代泰式的典雅設計，每個窗戶都能欣賞曼谷美景，此外還提供定時嘟嘟車，送客人前往地鐵站及River City遊船碼頭。對於喜歡打卡的族群來說，美美的空中泳池、高空酒吧更是不可錯過，推薦給喜愛新酒店的族群。

1全新開幕的房間又大景觀又好 2網美等級的空中泳池適合打卡 (以上照片提供：dusitD2 Samyan)

五種元素設計感滿分

SO/ Bangkok

推薦指數：★★★★
推薦理由：近地鐵、公園、設計感十足

DATA

✉2 North Sathorn Road, Bangkok ☎(02)624-0000
💲4,000～12,000泰銖 ➡Lumphini站2號出口出站，穿越馬路對面

SO/ Bangkok非常具有話題性，世界頂級建築師與泰國5位室內設計師聯手，以金木水火土，5種元素來設計，因此會有5種主題房型，整個旅館處處有著設計感，給予住客印象深刻的視覺體驗。

旅館位在Lumphini Park旁，視野相當廣闊，還提供免費的腳踏車讓住客能夠去公園騎車，逢每月最後一個週末還有泳池Party喔！

1野廣闊的Lumphini Park 2土元素以洞穴作為設計理念
3金元素簡單中凸顯設計氛圍 (以上照片提供：Sofitel so Bangkok)

Sib Kao

推薦指數：★★★
推薦理由：全新設施、無敵位置、合理價位

DATA

☎19/27-28 Sukhumvit Soi 19, Bangkok ☎(02)254-3201
💲1,500～6,000泰銖 ➡1號出口下樓，第一個巷子(Soi 19)右轉進去走2分鐘即達

　　如果預算有限，住宿考慮的第一關鍵就是：位置！而整個曼谷，最佳位置就是BTS的阿索卡站(Asok)與MRT的蘇坤蔚站(Sukhumvit)交會處，這裡不但周邊百貨、按摩、小吃聚集，且能利用雙地鐵充分體驗曼谷！介紹一間位置超級好，價格也很划算的小型精品酒店「Sib Kao」。

　　「Sib Kao」念起來是「洗告」，就是泰語「19」的意思，表示它是在19巷。於2018年開幕，非常的新穎，僅有28個房間溫馨可愛，電梯很迷你，有太大行李的遊客，可以請工作人員幫你送到房間。雖然房間小巧而精緻，但是該有的都不缺，整體的設計元素中帶有淡淡的泰元素，很有自己的風格，淡季價格低到1,500泰銖左右，在CP值上也很不賴。

[1][2][3]內部空間小巧卻舒適 [4]小巧可愛的門面就在巷子口 [5]挑高大廳有趣的塗鴉壁畫

住在百貨商城樓上

許多遊客來到曼谷就是衝著購物的樂趣，就算天天逛到腿酸也樂此不疲，如果你屬於此類採購狂人，David建議你直接住到百貨商城樓上吧！下樓就逛街購物，採購完上樓就放戰利品，多美好的一件事啊！

寵愛自己的五星享受　MAP P.67／B3

Centara Grand at Central World Hotel

推薦指數：★★★
推薦理由：大型商城樓上、地鐵10分鐘內、近中心鬧區

DATA

🌐www.centarahotelsresorts.com/cgcw ✉999/99 Rama 1 Rd., Pathumwan, Bangkok ☎(02)110-0234 💲3,500～4,500泰銖 ➡BTS蘇坤蔚線Chit Lom站1號出口直行，沿著空橋走3分鐘，下天橋由車道方向右轉後，步行3分鐘即到達入口

如果想住的高級並且就在鬧區中心點，方便自己隨時出門逛街，那麼這家會是個不錯的選擇。直接位於超級大百貨商場Central World樓上，地理位置極其優越，除了樓下就是百貨公司外，步行到Siam站、水門市場和四面佛等也不過5分鐘，省下來的時間可以好好的用來玩遍曼谷！

五星級旅館的泳池、桑拿、水療中心和餐廳一應俱全，Lobby在23樓，以上才是旅館，所以通通都是高樓層房間！樓頂的Red Sky酒吧更是曼谷出名的高空酒吧之一，當然這樣的旅館也必須付出一定的代價，在訂房網站約可取得每晚4,000泰銖上下的價格，與其他國家的五星旅館相比還是非常實惠，對自己好一點，過過住五星旅館的癮也不賴喔！

登高望遠，設備新穎　MAP P.81／C2

Grande Centre Point Terminal 21

推薦指數：★★★
推薦理由：大型商城樓上、近捷運、高空景觀泳池

DATA

🌐www.centrepoint.com ✉2/88, Sukhumvit Soi 19, North Khlong Toei, Wattana, Bangkok ☎(02)630-6345 💲3,000～6,000泰銖 ➡BTS蘇坤蔚線Asok站3號出口

David特別提過，整個曼谷我最愛的百貨商城就是Terminal 21了，而這家旅館就在它的正上方，那麼逛街可方便了，加上旅館就在BTS空鐵Asok站與MRT地鐵Sukhumvit站的交會處，出行更是便利的不得了！五星級旅館在設施上沒有話說，2012年開幕，設施保持的狀態極佳，幾乎所有房型都有空中城市景觀，而高空露天泳池更是提供了在城市建築包圍下享受的感覺。房間特色包括了全面免治馬桶、自有品牌的沐浴組等，若預算足夠的，話這家旅館會是個不錯的選擇！

■高樓層房間景致 ②空中泳池

InterContinental Bangkok

推薦指數：★★★★

推薦理由：奢華五星、近地鐵、鬧區中心

DATA

✉ 973 Phloen Chit Rd, Lumphini, Pathum Wan, Bangkok
☎ (02)656-0444 💲 8,000泰銖起 ➡ BTS線Chit Lom站1號出口，走天橋3分鐘下去就是入口

　　InterContinental(洲際酒店)這個全球知名的奢華酒店品牌相信大家都不陌生，而曼谷洲際在疫情期間進行封館裝修，在2023年6月才重新開幕，整個內裝、設計、風格都是全新形象，完全可以當做新酒店來看待！位置不用說，四面佛就在對面，是市中心的最佳地點，出門環繞著Gaysorn、centralwOrld、BIG C等大型商城，走天橋還能一路散步到Siam商圈，對遊客逛街購物來說非常方便。

　　且不愧是超大型酒店，光是大廳的氣場就十分驚人，完全給人豪門奢華的質感，加上房間空間寬闊、床又大又舒適、窗外還有美好的曼谷市景，空中的泳池也是網美等級，奢侈一把對自己好點，不論是小資女生還是情侶蜜月，都非常推薦來入住！

　　對了，偌大的洲際酒店還擁有6間餐廳與酒吧，完全不用出門就能享用各式料理，David推薦1樓的「SoCal」餐廳，料理帶有點熱帶風情與美墨特色，值得品嘗！

1 光是大廳的氣場就有超五星的規格 2 空間、設計、舒適度都很棒的房間 3 1樓SoCal的美墨風情料理 4 曼谷洲際位置絕佳，地鐵就在酒店前方 5 市景環繞的空中泳池